W0327442

REISEHANDBUCH

FORMENTERA

MIT DEM BESTEN AUS IBIZA

Das komplette Reisehandbuch
von Manfred Klemann

Verlag Unterwegs

Impressum

Dies ist eine Originalausgabe der
Unterwegs Verlag GmbH
Werner-von-Siemens-Str. 22
D-78224 Singen
Tel. +49 (0) 7731 838-0
Fax +49 (0) 7731 838-19

info@unterwegs.com www.reisefuehrer.com www.unterwegs.com

Aktueller Text und Überarbeitung: Manfred Klemann
Recherche: Natalia Cid Rodriguez, Pablo Klemann
Fotos: Natalia Cid Rodriguez, Pablo Klemann, Christiane Schwarz, www.shutterstock.com
Inselkarten und Ortspläne: Susanne Handtmann
Herstellung/Layout: Sophia Schöffling

Alle Rechte vorbehalten.
© Unterwegs Verlag 2019
ISBN 978-3-86112-327-9

Haftungsausschluss
Alle in diesem Buch enthaltenen Angaben, Daten usw. wurden von den Autoren und dem Verlag nach bestem Willen erstellt und mit größter Sorgfalt überprüft. Gleichwohl sind inhaltliche Fehler nicht vollständig auszuschließen. Daher erfolgen die Angaben usw. ohne jegliche Verpflichtung oder Garantie des Verlages oder der Autoren. Beide übernehmen keinerlei Verantwortung und Haftung für etwaige inhaltliche Unrichtigkeiten.

Bibliografische Information der Deutschen Nationalbibliothek
Die Deutsche Nationalbibliothek verzeichnet diese Publikation in der Deutschen Nationalbibliografie; detaillierte bibliografische Daten sind im Internet über http://dnb.d-nb.de abrufbar.

Platja de Mitjorn – S. 83

Ibiza Stadt – S. 144

La Savina – S. 44

Cala d' Hort – S. 171

Platja d'en Bossa – S. 160

Inhalt

Formentera

FORMENTERA

Easy Livin´ in Splendid Isolation

Formentera bleibt oft im Schatten der Nachbarinsel Ibiza und wird wenn dann nur für einen Tagesausflug in Betracht gezogen. Zu Unrecht! Denn Formentera hat einen so ursprünglichen, rauen und verträumten Charme, dass die Insel sich das Prädikat „Paradies" absolut verdient hat. Dass sie nur per Fähre von Ibiza aus erreichbar ist und keinen eigenen Flughafen besitzt, kommt ihr zugute. Auf diese Weise bleiben all diejenigen fern, die sich für Sangria aus XXL-Eimern, Bockwurst am Strand und Goldkettchen unter Hawaiihemden begeistern können.

Formentera war einst die Hippie-Insel schlechthin. Die Generation der Blumenkinder träumte von alternativen Lebensformen, von Freiheit, Toleranz, Frieden, Sonne und Meer. Musiker wie Bob Dylan, Pink Floyd, Wolf Biermann und Chris Rea kamen hierher, um in den Bars am Strand zu spielen und sich inspirieren zu lassen. Für viele war das Aussteiger-Dasein nur eine Stippvisite in Utopia, um danach wieder brav in die Uni zu marschieren oder eine Lehre anzufangen. Einige blieben aber tatsächlich auf „Paradise Island" kleben, die Konsequentesten unter ihnen, die Perspektivlosesten, die wahren Abenteurer und solche, die einfach ihre Ruhe haben wollten und keine Lust verspürten, in die laute Welt zurückzukehren.

Auch wenn der Massentourismus längst auf Formentera angekommen ist, ist etwas von der „guten alten Zeit" noch spürbar. Immer noch zieht die Insel die eher eigenwilligen Charaktere an, die Sinnsucher, Individualisten, Tagträumer und Lebenskünstler. Neu hinzugekommen sind die Schauspieler, Models und Popstars mitsamt Promi-Glamour, Luxus-Yacht und Edeldinner am Strand. Allerdings kommen die meist nur auf einen kurzen Abstecher von Ibiza herüber und bleiben nicht lange.

Die meisten Urlauber sind überrascht, sobald sie die Strände

Formenteras erblicken. Das Licht ist überirdisch hell, der Sand fein und das Türkis des Wassers so intensiv, dass man meinen könnte, versehentlich in der Karibik oder im Indischen Ozean gelandet zu sein. Hier kann man wunderbar schnorcheln, tauchen, segeln und surfen, oder auch einfach nur in der Sonne liegen und die Stimmung genießen.

Was Formenteras Strände einzigartig macht, sind die Kioskos, an denen man wunderbar einen ganzen Tag vertrödeln kann. Ein kühles Getränk, Blick aufs Meer, Chillout-Musik aus den Boxen oder Gitarrenklänge, das Scheppern der Eiswürfel im Cocktail-Shaker ... So lässt es sich aushalten!

Party pur wie auf Ibiza kann man auf Formentera nicht erleben. Der „echte" Formentera-Tourist braucht aber auch gar kein professionell vermarktetes Partypaket mit All-Inclusive-Garantie. Er schätzt das kühle Bierchen in der Strandbar und das entspannte Gespräch bei einer gemeinsamen Zigarette.

Die legendäre Blue Bar und der Piratabus stehen tatsächlich noch. Sobald die Sonne untergeht, gleitet man hier – wie nirgendwo sonst – langsam in die Nacht hinein: unmerklich, ohne Hetze, ohne Make-up und ohne Ambitionen, den Stuhl an diesem Abend noch einmal herzugeben. Und über all dem hängt die typische „Joints-am-Lagerfeuer-Atmosphäre".

Einzig und allein im Ferienort Es Pujols gibt es Tendenzen, aufwändige Clubnächte für Partypeople zu inszenieren, ähnlich wie auf Ibiza. Aber auch das hält sich noch in Grenzen, ebenso wie die Bauwut der Investoren.

Die meisten, die heute nach Formentera kommen, wollen vermutlich kein neues Leben beginnen. Aber sie sind auf der Suche nach Ruhe in Zeiten des permanenten Konsumterrors, nach Erholung von Zeitdruck und Erlebniswahnsinn, nach Einfachheit und Abgeschiedenheit in der Natur. Und genau das kann man auf Formentera finden, wenn man möchte.

Relikt aus vergangenen Tagen: eine Ente an Formenteras Küste

IBIZA

Formenteras glamourös-hedonistische Schwester

Ibiza ist verrückt, weltoffen, dekadent, hedonistisch und überdreht. Wer hierher kommt, ist nur bedingt auf der Suche nach Ruhe und Erholung ... sondern will Party und Abenteuer. Gefeiert wird in Strandbars und Sunset-Restaurants, auf Yachten und Partybooten, in Beachclubs und Megadiskos. Mal mit Schaum, mal mit Champagner, mal unter Sternenhimmel oder Laserstrahlen. Hier zelebriert sich das Ewig-jung-Sein, verspielt und narzisstisch, als „unerträgliche Leichtigkeit des Seins" ... Im Hochsommer herrscht Promi-Alarm. Doch auch all diejenigen, die keine Fußballer, Models, Schauspieler oder Popstars sind, genießen die vibrierende, ausgelassene Stimmung und den Glamour der Insel.

Selbstverständlich gibt es auch das andere, das „natürliche" Ibiza – damals Voraussetzung, dass überhaupt die ersten Pioniere Ibiza als eines der letzten Paradiese entdeckten. Hier sind alle Klischees mediterraner Träumereien Realität. Die wildromantische Natur, eine zerklüftete Küste mit schroffen Felsen und Klippen, zwischen denen sich sandige Buchten verstecken. Berge und Hügel, auf denen Wacholder, Kiefern und Pinien kleben und eine von Kräuteraromen geschwängerte Luft . Mauern und Häuser, deren Fassaden im mediterranen Licht alle Facetten von Weiß widerspiegeln. Gelebte Traditionen und Postkartenmotive, mal bezaubernd nostalgisch wie Eivissas Altstadt oder zeitlos archaisch wie die „ins Meer geworfene" Insel Es Vedrà.

Wem es auf der Partyinsel Ibiza zu bunt, zu laut und zu schrill zugeht, der ist auf Formentera, der „kleinen Schwester Ibizas", besser aufgehoben. Zur Hauptsaison im Sommer ist zwar auch hier einiges los, aber noch ist die Insel weit weniger touristisch als Ibiza. Ein exzessives Nachtleben gibt es nicht, riesige Hotelkomplexe sucht man vergebens. Dafür gibt es paradiesische Strände

Laterne vor dem Santa Eulalia del Rio Strand

und Buchten mit klarem, wohlig warmem Wasser, das für Wassersportler wie gemacht ist. In den Strandbars und Cafés ist noch der Geist der Hippie-Ära zu spüren ... es geht wahnsinnig relaxt und entspannt zu.

Wie auch immer Sie Ihren Urlaub verbringen, wir stehen Ihnen mit Tipps, Rat und Anregungen zur Seite. Wenn Sie Neues, Kurioses und Phantastisches gefunden haben, das noch nicht in diesem Handbuch steht, dann schreiben Sie an info@unterwegs.de.

Viel Spaß auf Formentera und Ibiza!

DO'S AND DON'TS

Was man unbedingt tun sollte

- ✔ Sich am ersten Tag auf Ibiza neu einkleiden, am besten in einer der stylischen Boutiquen in Eivissa, die die Trends der kommenden Saison vorgeben.
- ✔ Einen ganzen Tag in der Strandbar Sa Trinxa verbringen und bis spät in die Nacht im Sand tanzen.
- ✔ Den legendären Sonnenuntergang mit Chillout-Musik im Café del Mar erleben. Am besten schon um 20 Uhr kommen und erst spät in der Nacht wieder gehen ... mit einer neuen Sicht auf die Sonne.
- ✔ Den Weg zum Strand Benirràs im Norden Ibizas auf sich nehmen und die Trommler in gehobenem Zustand erleben.
- ✔ Sich in einer der Megadiskos (Pacha, Amnesia, Privilege) durch die Nacht treiben lassen und erst morgens bei Sonnenaufgang wieder ausspucken lassen.
- ✔ Im Es Bodaldo frisch zubereitete Langusten essen. Danach baden gehen und das klare Wasser der Cala d'Hort genießen.
- ✔ Bei einer der berühmten Schaumpartys (z.B. im Amnesia) oben ohne eintauchen.
- ✔ Über den Hippiemarkt von Las Dias schlendern und die Nostalgie der 68er-Generation spüren.
- ✔ Auf Formentera die Hippie-Kneipe Pepe Fonda aufsuchen und nachts auf dem berühmten Mäuerchen sitzen.
- ✔ Sich an einem der wilden Strände Formenteras lieben.

Was man besser bleiben lassen sollte

- ✗ Sich von gut aussehenden jungen Menschen auf den Straßen von Eivissa in „ihre" Bar locken lassen. Die versprochenen zwei Drinks zum Preis von einem sind garantiert doppelt so teuer wie erwartet.
- ✗ Die Qualität der Straßen überschätzen. Es lauern Schlaglöcher, fehlende Markierungen und fiese Kurven. Selbst wenn die Strecke gut ausgebaut ist, wie zwischen Eivissa und Sant Antoni, sollte man sich das Rasen verkneifen. Immer wieder kommt es zu tödlichen Unfällen, gerade nachts.
- ✗ Leichtfertig die Baderegeln missachten. Sowohl auf Ibiza als auch Formentera ertrinken jedes Jahr Menschen.
- ✗ Mit harten Drogen etwas anfangen oder gar beim Dealen erwischt werden. Die Polizei der Insel hat sich auf die Drogenjagd eingestellt und ahndet selbst kleine Vergehen unerbittlich.

ÜBERBLICK ÜBER FORMENTERA

Formentera ist mit ihren knapp 82 Quadratkilometern Fläche die kleinste bewohnte Insel der Balearen (abgesehen von Cabrera). Sie befindet sich südlich von Ibiza, die Entfernung beträgt rund zwölf Seemeilen. Seit der Erweiterung des normalen Linienfährdienstes um moderne Schnellboote kommt man in etwa einer halben Stunde von Eivissa nach La Savina, die Hafenstadt von Formentera.

Bis auf zwei Ausnahmen ist die Insel ganz flach. Im Osten erhebt sich die Hochebene von La Mola auf knapp 200 Höhenmetern, im Südwesten erreicht das felsige Gebiet am Cap de Barbária kaum mehr als hundert Meter Höhe. Die Wege zwischen den Ortschaften sind recht kurz, so misst die längste durchgehende Straßenverbindung vom Cap de Barbària bis zum Leuchtturm auf La Mola gerade mal 28 Kilometer.

Wegen ihrer geringen Ausmaße ist es leicht, sich auf der Insel zurechtzufinden. Die wichtigsten Ortschaften sind das Verwaltungszentrum Sant Francesc de Formentera (hier befinden sich Rathaus, Post, Krankenhaus, Polizeistation und etliche Geschäfte), der Touristen-Ort Es Pujols (zur Hochsaison geht es hier am lebhaftesten zu, es gibt zahlreiche Restaurants, Bars und sogar Clubs) und der Hafenort La Savina, in dem die Passagierschiffe und Autofähren anlegen und auslaufen.

Im Juli und August wird es auf der kleinen Insel voll, vor allem bei italienischen Touristen ist Formentera sehr beliebt. Auf den Straßen knattern laute Vespas, die Parkplätze sind prinzipiell überfüllt und an den Stränden reihen sich Liegestühle und Sonnenschirme dicht an dicht. Wer Formentera beschaulicher erleben will, sollte im Mai oder im Oktober kommen, dann ist es ruhig und die Temperaturen sind noch angenehm. Ab November verfällt die gesamte Insel in den Winterschlaf, die meisten Hotels und Restaurants haben geschlossen. Es wird wirklich einsam und man muss schon eine gewisse Gelassenheit mitbringen, um in dieser Abgeschiedenheit nicht ganz und gar melancholisch zu werden.

WISSENSWERTES UND KURIOSES

Eidechsen

Eidechsen sieht man auf Formentera fast überall: auf T-Shirts, Sandalen, Taschen, Mützen, Ringen und Gemälden. Am schönsten sind sie natürlich in Natura, auf sonnenbeschienenen Gehwegen, Terrassen und Steinmauern. Wer sie einmal längere Zeit in freier Natur beobachtet hat, entwickelt schnell Sympathien. Erstaunlich zutraulich werden sie, wenn man längere Zeit still sitzt und ihnen Krümel hinwirft. Nach einiger Zeit trauen sie sich immer näher heran und fressen einem sogar aus der Hand. Die Podarcis pityusensis formenterae ist größer als ihre Artgenossin auf Ibiza und nur auf Formentera anzutreffen. Zu erkennen ist sie an ihrer grünen Farbe und den blauen Streifen an der Flanke. Mittlerweile gibt es mehr als 30 Unterarten der Pityusen-Eidechse.

Nahaufnahme einer Pityusen-Eidechse

Fahrräder

Bis 1985 war das Fahrrad das einzig erlaubte Verkehrsmittel für Urlauber auf Formentera. Dann aber haben doch die Tourismus-Förderer gesiegt, die meinten, man könne den Urlaubern nicht zumuten, auf Mietautos und Roller zu verzichten. Also kann man mittlerweile überall motorisierte Untersätze mieten. Dennoch ist Radfahren auf der überschaubaren Insel eine prima Fortbewegungsart – und zudem weitaus einfacher und bequemer als auf Ibiza: kaum Berge, keine fiesen Steigungen – und dazu 19 „grüne Routen", die der Tourismusverband extra für Fahrradfahrer (und auch Wanderer) ausweisen ließ. Wer clever ist, leiht sich Fahrradkorb oder Fahrradtasche mit aus, dann lassen sich Badesachen und Proviant leichter transportieren. Normalerweise werden die Räder gut gewartet und befinden sich in einem ordentlichen Zustand. Trotzdem sollte man sein Rad beim Mieten kurz auf seine Verkehrssicherheit hin überprüfen. Vor allem Bremsen und Licht sollten störungsfrei funktionieren.

Kioskos

Jedes freakige Urlaubsgebiet hat seine Besonderheiten, was Bars, Treffs und Kneipen angeht. Auf La Gomera sind es die „geheimen" Bars im Inselinneren, Endpunkte von gigantischen Wanderungen. Auf Jamaika sind es die Hüttenkneipen der Rastafaris. Auf Formentera sind es eben die Strandkioske, an denen sich das wilde Leben abspielt. Sie sind oft den ganzen Tag über geöffnet, haben meist eine Kleinigkeit zu essen im Angebot und bieten zu jeder Zeit ein anderes Bild. Am legendärsten sind die Blue Bar und der Piratabus, zwei *Relikte aus der Hippie-Zeit, die auch heute noch einen Besuch wert sind. Am schönsten sind die Bars kurz vor Sonnenuntergang, wenn man – etwas müde vom faulen Herumliegen am Strand – den ersten Cocktail oder das erste kühle Bier des Tages genießt. Man lauscht dem Gemisch von Musik und Wellenrauschen, man verschmilzt mit dem Stuhl, blickt aufs Meer und kommt nicht herum, dieses alte Gefühl von Freiheit und Abenteuer zu fühlen.

Salzgewinnung

Seit die Karthager auf der Insel Fuß fassten, hat man die Salinen rund um La Savina mit dem praktischen Naturhafen zur Salzgewinnung genutzt. Auch als die Römer, schließlich die Mauren und dann wieder die Spanier auf Formentera herrschten, lebten die meisten Menschen von der Salzgewinnung. Das Wasser wurde in die Becken eingeleitet und verdunstete durch die Sonneneinstrahlung. Lore um Lore wurde das so gewonnene Salz zum Hafen gebracht. Die Salinen wurden in den 1980er Jahren stillgelegt und über lange Jahre nicht bewirtschaftet. Heute werden wieder kleine Mengen Salz abgebaut. Freuen können sich die Vögel, denn die haben nun die seichten Gewässer der Lagunen fast ganz für sich alleine. Das ganze Jahr über kann man Fischreiher, Strandläufer und viele mitteleuropäische Zugvögel in den Lagunen beobachten.

Ses Salines Formentera – farbenfrohe Salzbecken

Schlangen

Giftige Schlangen gibt es auf Formentera nicht, auch wenn es die Legende so will. Schuld an dem Gerücht sind die Griechen, die zwar nie auf der Insel siedelten, sie aber gelegentlich besuchten und ihr kurzerhand den Namen „Schlangeninsel" verpassten. In der Folgezeit hatte kaum jemand großes Interesse daran, diese Unwahrheit aus der Welt zu schaffen. Der Römer Pomponius Mela beschreibt die Insel als vollkommen unbewohnbar, „weil auf ihr viele bösartige Schlangen kreuchen" und Plinius meinte sogar: „Die Erde von Ebosus (Ibiza) treibt die Schlangen in die Flucht, doch die von Columbraria (Formentera) zieht sie an. Deshalb ist jene Erde schädlich, es sei denn, man trägt Erde von Ebosus bei sich." Wie man heute vermutet, haben sowohl die Griechen als auch die Römer das Gerücht gehegt und gepflegt, damit sich das Interesse an Formentera bei anderen in Grenzen hielt.

Wehrtürme

Fünf runde Wehrtürme prägen bis heute das Küstenbild Formenteras. Sie wurden entlang der Küste an strategischen Punkten errichtet, so dass man von einem Wehrturm zum nächsten schauen konnte. Entdeckte ein Wächter nächtliche Angreifer (und tatsächlich waren einst Piraten keine Seltenheit), entzündete er ein Warnfeuer auf dem Dach seines Turms. Die Türme haben zwei Etagen. Der Einstieg liegt aus Sicherheitsgründen etwas erhöht, so dass man nur über eine Leiter hinaufkommen konnte, die man bei Gefahr einziehen konnte. Der älteste Wehrturm heißt Sa Guardiola und wurde 1749 auf der Insel S'Espalmador erbaut. Die anderen vier wurden zwischen 1762 und 1763 errichtet: Sa Punta Prima, La Gavina, Cap de Barbária und Pi des Català.

Windmühlen

Einst war Weizen eines der wichtigsten Nahrungsmittel auf Formentera. Auf der ganzen Insel befanden sich Felder, deren Getreide in Mühlen gemahlen wurde. Zunächst wurde mit Tieren gearbeitet, die die schweren Mühlsteine zogen, später ersetzte die Windkraft die „Viecherei". Bis heute stehen die sieben Windmühlen noch und prägen das Landschaftsbild der Insel.

Die älteste Windmühle steht östlich von Sant Francesc und ist nach ihren Besitzern, der Familie Teuet, benannt: die Molí d'en Teuet. Am berühmtesten aber ist die Molí Vell de la Mola, ganz in der Nähe von El Pilar. Sie wurde 1778 errichtet und ist bis heute mitsamt Maschinenraum erhalten geblieben. In den Sommermonaten ist sie Dienstag bis Samstag von 9.30 bis 13.30 Uhr der Öffentlichkeit zugänglich. Auch außerhalb der Öffnungszeiten ist die Mühle ein schönes Fotomotiv.

Einige Historiker vermuten, dass der Weizen der Insel Formentera ihren Namen gab, der auf den römischen Begriff Frumentaria „Weizeninsel" zurückgehen könnte. Andere sehen das anders: Der Inselname könnte sich ebenso gut von „Promontoria" (Vorgebirge) ableiten. Einigkeit erzielte die Wissenschaft bislang nicht.

Windmühle in el Pilar de la Mola

GESCHICHTE DER INSELN FORMENTERA UND IBIZA

Die Vorgeschichte

Im Gegensatz zum spanischen Festland, auf dem man in Höhlen Felszeichnungen und Knochen gefunden hat, die auf eine Besiedlung schon 20.000 Jahre v. Chr. schließen lassen, stammen die Funde auf den Balearen aus der Bronzezeit, etwa 1.000 v. Chr. Vor allem auf Mallorca und Menorca kann man noch heute Reste gewaltiger Steinbauten (Türme und Mauern) besichtigen. Auf Ibiza fehlen diese Relikte aus der Prähistorie. Erst die Karthager, die im 7. Jahrhundert v. Chr. die Inseln von Nordafrika aus eroberten, drückten auch Ibiza ihren Stempel auf. Im Jahre 654 v. Chr. gründeten die Karthager Eivissa, womit diese zu den ältesten Städten Europas gehört. Mehrere Jahrhunderte war Ibiza ein wichtiger Stützpunkt für die Karthager, von dem aus sie ihre Eroberungszüge über das Mittelmeer unternahmen.

Mit der Schleuder

Eine besondere Fertigkeit der balearischen Ureinwohner war der präzise Umgang mit der Steinschleuder. Wie historische Quellen berichten, waren sie ob ihrer tödlichen Kunst sehr gefürchtet. Die Karthager jedenfalls profitierten von dieser Spezialität ihrer Untertanen. Sie stellten aus den steinschleudernden Balearen Söldnerheere zusammen und ließen sich von diesen bei ihren Eroberungen helfen. Aber wie das manchmal so ist: Den Teufel, den man rief, wird man auf einmal nicht mehr los: Als die Karthager später (in den Punischen Kriegen) von den Römern besiegt wurden, standen vor den Mauern Karthagos wieder balearische Steinschleuder-Meister, allerdings diesmal auf römischer Seite.

Die Römer

Auch den Balearen widerfuhr es, von den Römern erobert zu werden. Den Balearen passierte das Unumgängliche etwa 120 v. Chr. Nach der Unterwerfung durch den Konsul Quintus Cecilius Metellus (auf Mallorca entstanden die Städte Palma und Pollentia) breiteten sich die römischen Kolonialisten auch auf Ibiza und Formentera aus. Trotz eines kurzen Zwischenspiels mit den Vandalen, die nach blutrünstigem Aufenthalt vom Oströmer Justinian wieder vertrieben wurden, blühten auf den Balearen Handel und Landwirtschaft rund ein halbes Jahrtausend unter den Römern. Während die Karthager Formentera kaum zur Kenntnis genommen hatten, interessierten sich endlich die Römer für die kleine Schwesterninsel. Sie errichteten ein Kastell und nutzten die Insel zum Getreideanbau.

Die Mauren

Wie der Iberischen Halbinsel erging es auch den Balearen: Nach den Römern kamen die Mauren. Bis ins 13. Jahrhundert herrschten die Araber über die Balearen. Und das nicht nur zum Schaden. Unter ihrer Herrschaft entwickelte sich eine blühende Kultur. Die Architektur hatte einen Aufschwung und die Landwirtschaft florierte dank besserer Bewässerungssysteme. Die Spuren der Mauren kann man noch heute überall finden, nicht zuletzt in der Sprache und in der Folklore. Doch die Mauren waren nicht nur fähige Verwalter und Städtegründer. Vielmehr war eines ihrer beliebtesten Hobbys die Piraterie. Kein fremdes Handelsschiff war vor ihnen sicher, auch nicht die der christlichen Herrscher auf dem spanischen Festland. Und damit war der Grundstein für die christliche Eroberung der Balearen auch schon gelegt.

Die christliche Eroberung

Auf dem Festland regierte König Jaime I. von Aragón (auch in Katalonien und Valencia). Dem gefiel das Treiben der maurischen Piraten überhaupt nicht. 1229 machte er deshalb kurzen Prozess. Eine riesige Flotte machte sich auf, die Araber von den Balearen zu vertreiben. Das erste Ziel war Mallorca. Nach einem furchtbaren Gemetzel fiel die Feste Palma und die erste Insel war erobert. Die Araber wurden „ausgerottet". Ibiza, damals das arabische „Yebisah", wurde erst sechs Jahre später von dem christlichen Jaime „befreit". Die Ortsbezeichnungen auf Ibiza und Formentera, für die oft die Namen christlicher Heiliger verwendet wurden, stammen aus dieser Zeit.

Das Königreich Mallorca

Das Königreich Mallorca, zu dem Ibiza und Formentera gehörten, entstand nach dem Tod von Jaime I. nach der Teilung des Königreichs Aragón unter seinen Söhnen. Jaime II. wurde König von Mallorca. Nach ihm kam sein Sohn Sancho, der kinderlos blieb. Es folgte Jaime III., ein Neffe, erst neun Jahre alt! Das Ende des Königreiches Mallorca war eingeläutet. 1349 fiel Jaime III. in der Schlacht von Llucmajor; Ibiza und Formentera gelangten wie die gesamten Balearen unter die Herrschaft von Pere III. von Aragón. 1469 heirateten Isabella von Kastilien und Ferndinand II. von Aragón; durch diese Hochzeit entstand ein neues spanisches Großreich.

Die Piraten und die Türken

Im 16. Jahrhundert litten Ibiza und Formentera unter Angriffen von Piraten aus Nordafrika und der Türkei. Häuser wurden geplündert, Menschen ermordet oder in die Sklaverei verschleppt. 1554 rüstete Eivissa auf und man begann mit der Konstruktion der Festungsmauern. Drei Jahrzehnte dauerte der Bau des gigantischen Abwehrsystems. Rund um die Insel sorgten Wachttürme dafür, dass rechtzeitig Alarm geschlagen wurde, wenn Piratenflotten auf dem Meer gesichtet wurden.

Endgültig spanisch

Nach den Spanischen Erbfolgekriegen (1701–1713) gaben sich die Besitzer die Türklinke sozusagen in die Hand. Erst am Ende des Karlisten-Krieges (1833–1839) kamen die Balearen endgültig unter die spanische Krone. Von nun an teilten die Balearen die wechselvolle Geschichte des Mutterlandes: 1923 Militärdiktatur von Primo de Rivera errichtet, 1931 Ausrufung der Republik, 1936 Ausbruch des Bürgerkrieges gegen General Franco, der am Ende siegte. 1975, nach dem Tod des Generalissimus, wurde Juan Carlos als König vereidigt, 1977 erste freie Parlamentswahlen. 1979 wurden die Balearen zur autonomen Region erklärt.

Vom Hippie- ins Tourismuszeitalter

Die ersten Touristen, die in Scharen auf Formentera und Ibiza ankamen, waren ab Ende der 1960er Jahre die Hippies aus aller Welt. Aussteiger und Freaks träumten von alternativen Lebensformen in paradiesischer Natur. Bald erreichte der Ruf von der Schönheit der Balearen auch das Festland. Nach 1970 begannen die Massen heranzuströmen, zwischen 1970 und 1979 verdoppelte sich die Besucherzahl auf den Balearen auf vier Millionen.

1982 wurde Spanien Mitglied der NATO, 1986 Mitglied der Europäischen Gemeinschaft. 1995 wurden die Salzfelder von Formentera und Ibiza von der spanischen Regierung zu Naturschutzgebieten erklärt. Weil die Salzfelder auf Formentera nicht mehr lukrativ

Schon lange sind Formentera´s malerische Buchten bei Touristen beliebt

genug waren, stützten sich viele Einwohner auf den Tourismus als Einnahmequelle. Etliche Prominente entdeckten die Balearen für sich und schlugen dort ihr zweites Domizil auf. Formentera blieb bislang vom Glamour der Promi-Welt verschont, vor allem aufgrund des nicht vorhandenen Flughafens. Trotzdem kommen jedes Jahr mehr als 400.000 Gäste nach Formentera. Angesichts einer Einwohnerzahl von etwa 9.000 ist die Belastungsgrenze längst erreicht. Die traditionellen Wirtschaftszweige Formenteras sind gegenüber dem Tourismus fast bedeutungslos geworden.

Zwischen alter Tradition und junger Touristensteuer

Eine Reise nach Formentera ist oft auch der Wunsch, auf eine ursprüngliche Landschaft und Menschen zu treffen, die nicht losgelöst von Traditionen ihr altes Brauchtum pflegen und – dank der Abgeschiedenheit ihrer Welt – ihren authentischen Charakter bewahrt haben. Hier begegnet man noch Alten, die vor den Häusern sitzen, ohne Hast durch die Gassen schlendern und freundlich die Fremden grüßen. Die Feste feiern, wie sie fallen bzw. wann es dem Kirchenpatron oder Schutzheiligen geziemt. Die mit bunten Trachten, zum „Tambor" und „Flaute", der Trommel und Flöte, mit Hingabe tanzen – gelebte Folklore, Formentera, wie es die Besucher lieben.

Doch auch eine Insel wie Formentera verändert sich. Längst wird mehr gebaut als früher, auch wenn bisher nicht die gleichen Fehler wie einst auf Mallorca begangen wurden. In manch einem Ort der Gastronomie und Hotellerie ist der Traum vom schnellen Geld durch Touristen präsenter als währschafte Gastfreundschaft. Und wen wundert´s, dass möglichst nicht nur wenige am Tourismus ihr Ein- und Auskommen finden wollen, sondern dass dieser der gesamten Insel zum Wohle beitragen soll.

So war es auch nicht verwunderlich, dass 2015 die relativ junge politische Partei „Gent per Fomentera" – der „Leute für Formentera" – 2015 erstmals im „Consell de Formenter", dem Inselrat, die absolute Mehrheit erlangte. Ein bisschen linkes Ideengut, mehr noch Ökologie und heimatverbundener Nationalismus nennen sie ihre antreibenden Motive.

In der Touristikbranche war die Meldung, dass die Regierung der Autonomen Gemeinschaft der Balearen in Palma de Mallorca den Gesetzentwurf einer Touristenabgabe für alle Inseln der Balearen gebilligt hatte, die im Sommer 2016 in Kraft treten sollte, mehr als nur eine Randnotiz. Als „Öko-Steuer" angekündigt, werden von ihr Erlöse von jährlich 80–100 Mio. Euro erwartet, die in Umweltschutz und nachhaltigen Tourismus investiert werden sollen.

Reich geschmückt: die einheimischen Damen an Festtagen

Dass die internationale Touristikbranche sowie regionalen Hoteliers und Gastronomen dagegen Sturm liefen und mit Kritik, Einwänden und Verwaltungsklagen das Ungemach zu verhindern trachteten, war auch nichts Neues. Bereits von Mai 2002 bis Oktober 2003 gab es die Touristen- respektive Ökosteuer „Ecotasa" auf den Balearen schon einmal. Damals kostete sie pro Tourist und Tag rund einen Euro – und damals siegten letztendlich ihre Gegner. Aufgrund des großen Drucks wurde sie bereits nach 17 Monaten wieder abgeschafft.

Diesmal beträgt die Touristenabgabe pro Inselgast ab 16 Jahren, der in einer touristischen Unterkunft übernachtet oder per Kreuzfahrtschiff andockt, je nach Hotel- und Unterkunftskategorie sowie je nach Haupt- oder Nebensaison zwischen 0,25 und 2,– Euro pro Nacht. Nach zehn Tagen in Folge reduziert sich ab der elften Übernachtung der fällige Betrag auf die Hälfte.

PRAKTISCHES ZUR REISEVORBEREITUNG

Anreise – Fährverbindungen

Inzwischen kommen jedes Jahr inklusive Tagesausflüglern fast 1 Mio. Touristen auf die Insel. Fast alle nehmen die Fähre von Ibiza. Schiffe sind Formenteras einzige Verbindung zur Außenwelt, weil die Insel keinen eigenen Flughafen besitzt. In der Hochsaison legen täglich fast 50 Fähren an und ab, die Überfahrt dauert etwa eine halbe Stunde. Nur wenige kommen mit dem eigenen Boot und ankern im Yachthafen von La Savina oder in einer der vielen Buchten. Aufgrund der Transportkosten (mindestens € 50) empfiehlt es sich auch für Besucher, die Formentera mit Ibiza kombinieren, ohne Mietwagen auf die Insel zu kommen und sich erst vor Ort ein Fahrzeug zu leihen.

Es gibt mehrere Schifffahrtsgesellschaften, die einen Linienverkehr zwischen Ibiza und Formentera betreiben. Sie unterscheiden

Der Hafen von La Savina: bunt und abwechslungsreich

sich hinsichtlich Fahrplan, Fahrtdauer, Service und Rabattsystemen, so dass es sinnvoll ist, sich vor Reiseantritt zu informieren und das auf die eigenen Bedürfnisse passendste Angebot auszuwählen, auch deswegen, weil man per möglichst frühzeitiger (mindestens Monat im Voraus) Online-Buchung die Schiffspassagen um einiges günstiger erstehen kann, z.B. bei Mediterránea Pitiusa. Einzelfahrscheine bekommt man ab € 24 (Express, Fahrtdauer 35 Min.) bzw. € 27 (Jet/rápido, Fahrtdauer 25 Min.), Rückfahrticket ab € 43/47, bei Online-Buchung € 40. Die Fahrtzeiten können sich generell im Vergleich zu den Angaben der Schifffahrtsgesellschaften etwas in die Länge ziehen.

Mediterránea Pitiusa
Tel. +34 971/322 443
www.medpitiusa.net

Ein preisgünstiger Anbieter ist Baleària, mit Einzeltickets ab € 18, während Trasmapi, zu den schnelleren und exklusiveren gehört.

Baleària
Tel. +34 902/160 180
Tel. +34 971/312 071
reservas@balearia.com
www.balearia.net

Trasmapi
Tel. +34 971/314 433
info@trasmapi.com
www.trasmapi.com

Alle haben einen Ticketverkauf direkt im Hafen sowohl von La Savina als auch Eivissa. Eine bequeme Variante sind Fly & Vai Global Touristic Services, die außer der puren Schiffspassage einen Flughafen- und Hotel-Shuttle inklusive offerieren (Büro beim Ausgang von Ibizas Flughafen).

Fly & Vai Global
Touristic Services
Tel. +34 971/932 962
info@flyevai.com
www.flyevai.com

Völlig entspannt, jedoch für einen Mindestfahrpreis von über € 50 reist man mit dem Wassertaxi Taximar an, die ihren Service rund um die Uhr anbieten und von Eivissa aus die wichtigsten Destinationen Formenteras anfahren.

Taximar
Tel. +34 634/808 154
reservas@taximaribiza.com
www.taximar.es

Autofahren & Parken

Auf Formentera und Ibiza gilt als Höchstgeschwindigkeit 50 km/h innerhalb von Ortschaften, auf Landstraßen 90 km/h. Auf den meisten Strecken zeigen Schilder die davon differierende Geschwindigkeitsbegrenzung an, oftmals sind nur 60 km/h erlaubt. Die Promillegrenze liegt bei 0,5 (Blutalkohol), es herrschen außerdem Anschnallpflicht und Handyverbot am Steuer. Radio und Handy müssen beim Tanken ausgeschaltet sein. Eine defensive, um- und vorsichtige Fahrweise ist anzuraten, besonders weil nicht alle Verkehrsteilnehmer den gleichen Respekt vor der Straßenverkehrsordnung aufbringen und weil unerwartete Schlaglöcher etc. nicht nur auf den Rumpelpisten zum Strand lauern können.

In den Städten kann es zur Hochsaison voll werden, dort wird dann auch die Parkplatzsuche mühsam. Aber auch die Parkplätze an Buchten und Stränden platzen oft aus allen Nähten. Blau markierte Zonen sind gebührenpflichtig, in den gelb markierten Zonen ist Parken verboten. Sowohl auf Formentera als auch Ibiza ist die Polizei auf Zack, sie verteilt saftige Strafzettel und ruft ohne Umschweife den Abschleppwagen. Die Gebühren für Parkplätze können ins Geld gehen, mit 5–10 Euro pro Tag muss man rechnen (z.B. an der Platja de ses Salines und dem Hippiemarkt von Sant Carles auf Ibiza oder an der Platja de Llevant auf Formentera).

Baden

Die zahlreichen Buchten auf Ibiza und Formentera sind traumhaft. Und das Wasser rund um die Insel zählt von der Qualität her zum Besten, was im gesamten Mittelmeerraum zu haben ist. Perfekte Bedingungen zum Baden also! Bei all der Begeiste-

Nicht immer ist das Mittelmeer so harmlos wie es scheint

rung sollte man jedoch nicht unterschätzen, dass das scheinbar harmlose Meer seine Tücken hat. Unterströmungen können auch dann auftreten, wenn das Wasser ruhig und glatt daliegt. Auflandiger Wind kann zu gefährlichen Verwirbelungen führen; ablandiger Wind kann Luftmatratzen und Plastikboote aufs offene Meer hinaustreiben.

Das Badeverbot bei gehisster roter Flagge gilt auch für gute Schwimmer. Nur an gut bewachten Badestränden sollte man allein schwimmen. Kinder dürfen nie unbeaufsichtigt bleiben, für sie sind auch geringe Wassertiefen gefährlich. Alkoholisiert und mit vollem Magen geht man nicht ins Wasser. Im Notfall sollten keine unüberlegten panischen Rettungsaktionen gestartet werden, z.B. allein aufs Meer hinaus in eine eventuell gefährliche Strömung zu schwimmen, sondern unverzüglich der Notruf gewählt und professionelle Hilfe am Strand geholt werden.

Warnflaggen:
rot: Gefahr! Badeverbot
gelb: Vorsicht!
grün: Baden erlaubt

Notrufnummer:
112 (gilt für Polizei, Ambulanz und Feuerwehr)

FKK

wird an vielen Stränden toleriert. Offiziell ist auf Formentera nur die Platja de Ses Illetes als Strand für Nudisten ausgewiesen. Doch gerade dort sind überzeugte Nacktbader in den letzten Jahren aufgrund des hohen Aufkommens an Badegästen speziell italienischer Herkunft inklusive deren Vorliebe fürs fleißige Fotografieren an den gegenüberliegenden eigentlichen „Textilstrand" Platja de Llevant ausgewichen. An vielen Orten mischen sich Badehosen und Nackedeis unkompliziert in friedlicher Koexistenz und Gelassenheit untereinander. Weitere bevorzugte Orte für Naturisten sind die einsameren Plätze der Platja de Mitjorn und die abseits gelegeneren sichtgeschützten Felsnischen der Platja Sa Roqueta.

Camping

Camping ist auf Formentera verboten. Wer illegal zeltet, riskiert einen Platzverweis und eine saftige Geldstrafe. Auf Ibiza gibt es fünf Campingplätze: Drei davon rund um Es Canar, einen in Sant Antoni und einen an der Cala Bassa westlich von Sant Antoni. Sie sind allesamt gut ausgestattet, manchmal gibt es sogar einen Swimmingpool, Terrasse, Restaurant und Mietwagen-/Fahrradverleih. Außer Zelten kann man auch Wohnwägen, Hütten und Bungalows mieten.

Campingplätze bei Es Canar

www.campingibizalaplaya.com
www.campingescana.com
www.campingcalanova.com

Campingplatz Sant Antoni

www.camping-sanantonio.com

Campingplatz an der Cala Bassa

www.campingcalabassa.com

Diplomatische Vertretungen

Seit 2016 sind auf den Pytiusen keine deutschen diplomatischen Vertretungen mehr vorhanden. Das bisherige Honorarkonsulat von Ibiza schloss Ende 2015 seine Pforten. Seitdem ist das Deutsche Konsulat von Palma de Mallorca auch für alle diplomatischen Angelegenheiten, die Ibiza und Formentera betreffen, zuständig. Über die angebotenen Dienstleistungen bzw. anstehenden Fragen informieren Merkblätter des Konsulats von Palma auf dessen Homepage oder man kontaktiert dieses per E-Mail, Telefon oder Fax. Sämtliche Angelegenheiten können allerdings nur nach vorheriger Terminvereinbarung (online oder telefonisch) erledigt werden.

Konsulat von Palma
Calle Porto Pi 8, 3° D
Edificio Reina Constanza
07015 Palma de Mallorca
(gleichzeitig Postanschrift)
Tel. +34 971/707 737
Fax +34 971/707 740
zreg@palm.diplo.de
www.palma.diplo.de

Alternativ kann der Konsularsprechtag – allerdings nur mit sehr eingeschränktem, grundsätzlich bar zu bezahlendem Service –, den Palmas Konsulat regelmäßig einmal pro Quartal auf Ibiza (z.B. im Kulturzentrum von Sant Antoni) durchführt, konsultiert werden. Der Konsularsprechtag kann von deutschen Residenten auf Ibiza und Fromentera nicht für die Beantragung eines Personalausweises oder Reisepasses benutzt werden.

Geld

Landeswährung ist, wie auf dem spanischen Festland auch, der Euro. Banken haben Montag bis Freitag von 9–14 und samstags von 9–12.30 Uhr geöffnet. EC- und Kreditkarten kann man in Supermärkten, Hotels und Restaurantproblemlos verwenden, auch viele Clubs und Strandbars akzeptieren sie als Zahlungsmittel. Bei Bezahlung mit Kreditkarte wird gelegentlich der Ausweis verlangt. Es besteht ein Limit für die Einfuhr von Barmitteln nach Spanien in Höhe von € 10.000,–. Darüber hinausgehende Beträge müssen bei der Einreise schriftlich angemeldet werden.

Geschäftszeiten

Auf den Pityusen gibt es kein Ladenschlussgesetz. Die meisten Geschäfte öffnen erst relativ spät, gegen 10 Uhr und schließen gegen 13.30 Uhr zur nachmittäglichen Siesta. Abends zwischen 17 und 20 Uhr öffnen sie dann erneut. Die großen Supermärkte haben durchgängig bis 21 oder 22 Uhr geöffnet. Eine Ausnahme stellen die Boutiquen in Eivissa dar, hier kann man im Sommer sogar bis Mitternacht shoppen.

Klima & Reisezeit

Mit 300 Sonnentagen pro Jahr sind die Pityusen zu jeder Jahreszeit ein empfehlenswertes Reiseziel. Grundsätzlich ist es auf Ibiza und Formentera etwas wärmer als auf Mallorca, diese Inseln eignen sich also besser für einen Besuch im Frühling, Herbst und Winter. Mallorca ist nicht selten dem frischen Nordwind Tramontana ausgeliefert, der im Sommer für angenehme Kühlung sorgt. Ibiza und Formentera lassen sich dagegen in erster Linie vom warmen Mitjorn, der aus Afrika herüberweht, umschmeicheln.

Medizinische Einrichtungen

Die medizinische Versorgung auf den Balearen ist eingeschränkt gut bis befriedigend. Das spanische Gesundheitssystem liegt unter dem mitteleuropäischen Level, eine freie Arztwahl ist per se nicht gegeben. Eine reisespezifische Vorsorgemaßnahme ist der Abschluss einer privaten Auslandskrankenversicherung. Mit einer Europäischen Krankenversicherungskarte (EHIC) haben Auslandsgäste in staatlichen Krankenhäusern und bei von Insalud zugelassenen Ärzten Anspruch auf kostenlose Behandlung. Immerhin sprechen viele Ärzte sogar etwas Deutsch oder zumindest Englisch. Wenn eine ambulante Behandlung ansteht, empfiehlt es sich, für die Arztwahl einen Reiseleiter oder sonstige „Eingeweihte" zu befragen. Medikamente müssen zunächst bar bezahlt, Rechnungen und Quittungen aufbewahrt und nach der Rückkehr bei der Krankenversicherung zwecks Rückerstattung eingereicht werden.

INTERNET-ADRESSEN

Viele Hotels bieten WLAN (auf Spanisch „Wifi") in Lobby, Restaurant und Zimmern an, ob kostenfrei respektive im Preis inbegriffen oder gebührenpflichtig hängt vom jeweiligen Haus ab. Einen ersten Überblick über die Insel bieten:

www.formentera.es – Homepage (auch in deutscher Sprache) des Fremdenverkehrsbüros von Formentera, u.a. mit aktuellen Veranstaltungen

www.formenteraonline.net – sehr umfangreich und detailliert, allerdings ist man entgegen der mit der Bezeichnung „online" verknüpften Erwartung nur während der Saison aktuell.

www.fonda.de – 20 Jahre Formentera-Erfahrung präsentieren die Insel äußerst vielschichtig und herrlich subjektiv von und für Formentera-Aficionados

www.ibiza.travel – Homepage des Fremdenverkehrsbüros von Ibiza, ein buntes touristisches Kaleidoskop nahezu von A–Z

www.eivissa.org – Internetportal des Consell Insular d´Eivissa, eher für Residenten als für Urlaubsgäste geeignet

www.ibiza-spotlight.com – mehr eine Spielerei denn harte Fakten, kräftige Promotion plus Buchungsoptionen en masse

Krankenhäuser:

Hospital de Formentera
Carrer Vénda des Brolls s/n
(ortsauswärts hinter dem Kreisverkehr in Richtung Sant Ferrán), 07860 Sant Francesc
Tel. +34 971/321 212

Centro de Salud Formentera
Carretera de La Sabina a San Francisco km 2,9
Tel. +34 971/322 369, -57

Ärzte:

*** Dr. Luís Martin Soledad**
Edifício Los Almendros
07871 Sant Ferrán
Tel. +34 971/328 475

Dr. Pedro Piza Caffaro
Avda. Pla del Rei
07860 Sant Francesc
Tel. +34 971/328 191

Zahnärzte:

*** Dr. Gunther Hohmann**
Edifício Sanieta, Ca. Santa María 2, 07860 Sant Francesc
Tel. +34 971/322 805

Dr. Carlos Serra
Ca. Jaime I 31
07860 Sant Francesc
Tel: +34 971/322 453

Tierarzt:

*** Dr. Lorenzo Córdoba Mari**
07871 Sant Ferrán
Tel: +34 971/329 011
Notfälle: 608 631 266

**** man spricht deutsch***

Allgemeiner Notruf:
061 und die internationale 112

Apotheken
sind durch ein grünes Kreuz auf weißem Grund markiert. Jeweils eine von ihnen (ersichtlich am Aushang im Schaufenster) hat einen rund um die Uhr geöffneten Notdienst:

Joan Torres Quetglas
Carrer Santa María s/n
07860 Sant Francesc
Tel. +34 971/322 419

Josep Mayans Ribas
Carrer de Joan Castelló
Guasch 21, 07871 Sant Ferrán
Tel. +34 971/328 004

Maiteder de Eguileor
Carrer King Crimson 3
07871 Es Pujols
Tel. +34 971/328 663

Mietfahrzeuge

Autos

Mietwagen lassen sich sowohl auf Formentera als auch auf Formentera problemlos leihen und sind sogar erstaunlich günstig. Die Preise variieren je nach Firma und Mietdauer. In der Vor- und Nachsaison gibt es Kleinwagen ab 30 Euro pro Tag inklusive Vollkaskoversicherung und Steuer, im Juli und August steigen die Preise bis auf das Doppelte und mehr an. Während dieser Zeit kann es auch zu Engpässen kommen, was die gewünschte Wagenklasse betrifft, und Mieter müssen dann ihren Fahrzeugwunsch dem verfügbaren Angebot anpassen. Kleinere Vermieter vor Ort bieten oft günstigere Preise als internationale Ketten, Anbieter direkt am Flughafen und in Hotels. Auf Formentera kann man sogar Elektroautos mieten (www.elektrocar.com) und an 20 Ladestationen inselweit aufladen. Die meisten Mietwagenanbieter auf Formentera konzentrieren sich auf und um das Hafengelände von La Savina, wo die Fährschiffe anlegen.
Vorausbuchung ist (abgesehen von Juli und August) nicht zwingend, aber dennoch empfehlenswert, da die Tarife meist günstiger sind. Außerdem kann es von Vorteil sein, dass bei eventuellen Streitigkeiten der Gerichtsstand in Deutschland und nicht in Spanien ist. Ein Fahrzeug mieten darf, wer mindestens 21 Jahre alt ist und seit mindestens einem Jahr seinen Führerschein besitzt. Unbedingt auf das Kleingedruckte im Vertrag achten und bei der Übernahme das Fahrzeug auf Kratzer, Beulen und andere Mängel kontrollieren!

Motorräder, Mopeds und Fahrräder

Fahrräder und Mopeds können in allen großen Touristenorten und meist auch direkt bei Hotels und Pensionen angemietet werden. Motorräder sind seltener vorhanden und oft auch teurer als Mietwagen. Fahrräder kosten je nach Ausstattung 8–10 Euro pro Tag aufwärts (Preisermäßigung bei längerer Mietzeit, ebenso bei Verhandlungsgeschick in der Nebensaison), Roller rund 25–28 Euro pro Tag. Aufgrund der vielen Schlaglöcher und Holperwege auf Formentera lohnt sich ein etwas teureres Mountainbike.

Achtung:

Bremsen, Reifen und Gangschaltung ausprobieren. Fahrräder haben oft keine funktionierende Beleuchtung, am besten Aufstecklichter von zuhause mitbringen.

Rollervermietung in La Savina

Öffentlicher Verkehr – Busse

Auf Formentera verkehren Busse auf sieben unterschiedlichen Linien zwischen den Ortschaften und den bekanntesten Stränden. Die wichtigste Linien sind die **L1** – diese pendelt im Halbstundentakt zwischen dem Hafen von La Savina und Es Pujols (von 7.30–22 Uhr) – und die **L2**, die vom Hafen von La Savina via Sant Francesc, Sant Ferrán und Es Caló bis nach El Pilar fast die gesamte Insel in West-Ost-Richtung (und retour) durchquert (von 8–21 Uhr ca. im

Stundentakt). Von Ende Oktober bis Anfang April sowie an Fest- und Feiertagen verkehren weniger Linienbusse. Einfache Fahrten kosten zwischen € 2,– (Kurz-) und € 3,– (Langsttrecken). Für diejenigen, die häufiger fahren, lohnt sich ein „bono ticket" für 20 Fahrten (€ 10,–/20,–) oder eine Tageskarte („bono día") für € 10,–. Touristische Rundfahrten der **Linie 3** gewähren einen direkten Hol- und Bringdienst zu den populärsten Stränden sowie eine direkte Fähranbindung – jedoch nur während der Saison und zu stattlichen Preisen (€ 8–15). Touristisch sinnvoll sind Shuttle-Busse (traslados) von der Fähranlegestelle bis zum gebuchten Hotel (hin oder zurück) mit einem generellen Fahrpreis von € 11,– inkl. Gepäck, unabhängig von der zurückzulegenden Distanz.
Infos zu allen aktuellen (Linien-) Busverbindungen:

Autocares Paya
Tel. +34 971/323 181
central@autocarespaya.com
www.busformentera.com

Preisniveau

Das Preisniveau auf den Pityusen entspricht mitteleuropäischen Standards. Waren, die auf See- oder Luftweg importiert werden, sind etwas teurer, was sich u.a. an der Supermarktkasse bemerkbar macht. Etwas günstiger als gewohnt sind Benzin und Mittagsmenüs, diese jedoch nur in sehr einfachen (!) Restaurants. Richtig ins Geld gehen Diskoeintritte und Getränke in Bars und Clubs. Außerdem grassieren auf Formentera bei fast allen etablierten Restaurants oder Locations, die von ihrem nostalgischem Ruhm zehren, inflationäre Preisschübe – unbedarfte Gäste fühlen sich fast einer Epidemie ausgesetzt -, so dass manch einem schon Hören und Sehen oder mindestens der Appetit vergangen ist.

Reisedokumente

Trotz des Schengener Abkommens ist jeder Reisende verpflichtet, einen gültigen Personalausweis oder Reisepass mit sich zu führen. Autofahrer brauchen zusätzlich Führer- und

Fahrzeugschein. Wer nach Verlust – insbesondere nach einem Diebstahl – eines neueren deutschen Personalausweises dessen Online-Ausweisfunktion sperren lassen will, wählt die im Ausland gebührenpflichtige

Telefonnummer +49 116 116

und nennt das Sperrkennwort, das bei Zustellung im separaten PIN-Brief mitgeteilt wurde. Bei Dokumentenverlust kann das Deutsche Konsulat in Palma de Mallorca ein Passersatzpapier, das ausschließlich für die Rückreise nach Deutschland gültig ist, ausstellen, benötigt für die Identitätsprüfung durch die zuständigen innerdeutschen Behörden meistens mindestens einen Werktag. Für einen deswegen verpassten Rückflug übernimmt das Konsulat keinerlei Haftung oder Schadensersatz.

Stromnetz

Der Strom kommt auf den Pityusen wie auch in Deutschland, Österreich und der Schweiz mit 220 Volt aus der Dose, einen Adapter für elektronische Geräte braucht man nicht.

Telefon – Handy

Alle Telefonnummern in der Balearenregion beginnen mit der **Vorwahl 971**, danach folgt die sechsstellige Rufnummer. Ruft man aus dem Ausland an, muss man zusätzlich die **spanische Vorwahl 0034** vorwählen. Telefoniert man aus dem Netz auf Ibiza oder Formentera ins Ausland, wählt man **0049** für **Deutschland**, **0041** für die **Schweiz** und **0043** für **Österreich** vor.

Aufgrund einer EU-Verordnung dürfen Telefonanbieter für Handygespräche im Ausland nicht mehr als 29 Cent pro Minute abbuchen, bei angenommen Gesprächen nicht mehr als 8 Cent. Günstiger wird der Telefonanruf durch die Buchung eines speziellen Auslandstarifs oder die Anschaffung einer internationalen oder spanischen Prepaid-Karte fürs Handy.

Touristeninformationen

La Savina:

O.I.T. Municipal Formentera
Ca. de Calpe s/n (beim Fähran-leger), 07870 La Savina
Tel. +34 971/322 057
Fax +34 971/322 825
informacioturistica@formentera.es
ganzjährig:
Mo.–Fr. 10–14, 17–19,
Sa. 10–14 Uhr

Sant Francesc:

Plaza de la Constitución s/n, 1
07860 Sant Francesc
Mai bis 31. Oktober:
Mo.–Fr. 10–14, 17–19,
Sa. 10–14 Uhr

Es Pujols:

Ca. Espalmador c/ Avenida Miramar, 07871 Es Pujols
Tel. +34 971/328 997
espujols@formentera.es
1. Mai bis 31. Oktober:
Mo. – Fr- 10 – 14, 17 – 19,
Sa. 10 – 14 Uhr

Ibiza:

Flughafenbüro
Tel. +34 971/809 118
Mo.–Fr. 10–14, 17–19 Uhr,
Sa. 10–14 Uhr

Eivissa (City):

Passeig de Vara de Rey 1
Tel. +34 971/301 900,
Mo.–Sa. 9–20,
So. und Feiertage 9–14 Uhr

Zoll

Innerhalb der EU dürfen Waren für den persönlichen Gebrauch zollfrei ein- und ausgeführt werden. Als Richtmengen gelten 800 Zigaretten, 10 Liter Spirituosen, 90 Liter Wein und Waren im Wert von 430 Euro. Zollkontrollen gibt es auf dem Luftweg in aller Regel nicht mehr (ausgenommen ist die Schweiz).

LA SAVINA

La Savina ist die etwas provinziell anmutende, schmucklose Ouvertüre jeder Formentera-Reise. Weil Formentera keinen eigenen Flughafen besitzt, ist das erste, was Touristen zu sehen bekommen, das kleine Hafenstädtchen ganz im Norden der Insel. Hier kommen die Fähren von Ibiza an – und hier legen sie für die Rückfahrt wieder ab. Eigentlich müsste phönizischer Wacholder die Neuankömmlinge begrüßen, denn nach ihm ist der Hafen schließlich benannt. Die Palmen sind importiert, verbreiten aber in Kombination mit den schicken, weißen Sport- und Segelbooten genau das richtige mediterrane Flair, um die Besucher in entspannte wie erwartungsvolle Urlaubslaune zu versetzen.

Bis Mitte der 1980er Jahre, als auf Formentera noch Salz gewonnen wurde, sah es hier noch ganz anders aus. Wo heute ausschließlich Menschen und Gepäckstücke auf die nächste Fähre warten, waren es früher die Exportgüter Salz, Holz und Bruchsteine, die zur Verladung bereit standen. Ein paar Fischernetze trockneten in der Sonne und der Hafen war damals nichts weiter als eine Natursteinmole. In den heutigen, ganz proper gestalteten Hafen samt geschäftiger Hafenmeisterei hat durch den neueren Yachthafen ein Hauch von Snobismus Einzug gehalten, der jedoch im Gegensatz zu vielen mediterranen Destinationen angenehm dezent und zurückhaltend ist. In La Savina gibt es neben ein paar netten Cafés, Hotels und Souvenirgeschäften mehrere Verleiher von fahrbaren Untersätzen. Um ein Auto, Moped oder Fahrrad zu mieten, hat man hier die beste Auswahl von Formentera.

Eher selten quartieren sich Ankömmlinge für länger in der winzigen Hafensiedlung ein, denn die meisten zieht es weiter an die herrlichen Strände rund um die Insel. Zudem soll der Ort im Hochsommer immer wieder von Mückenschwärmen heimgesucht werden, die von den nahe gelegenen Salzseen herüberschwirren. Ein kleiner, aber gepflegter Strand befindet sich direkt im Ort gegenüber dem Hafengebiet. Zu La Savina gehören die Lagunen Estany des Peix und Estany Pudent. Um diese herum befinden sich die einst berühmten und einträglichen Salinen, aus denen heute mangels Rentabilität allerdings kein Salz mehr gewonnen wird.

Für die meisten Besucher ist das einzig Interessante an dem kleinen Städtchen das Treiben am Hafen, das man gut von einem der Cafés beobachten kann. Freakige Sonderlinge unterhalten sich mit standesbewussten Yachtbesitzern und auch so mancher Einheimische lässt sich gerne hier blicken. Beliebter Treffpunkt bis drei Uhr morgens: die „Geckolateria" (Café und köstliche Eisdiele, Ca. Mare de Deu Del Carme 1) an der Marina. Lebhaft geht's auch – aber nur während der Saison – in der Casa Paco am Hafen zu.

Blick in den Hafen von La Savina

Aktivitäten & Exkursionen

Tauchen und Schnorcheln

Das Wasser rund um Formentera ist sehr sauber und von angenehmer Temperatur. Deswegen gilt die Insel als eines der besten mediterranen Gebiete für Taucher. Zwei Anbieter verleihen Equipment, geben Kurse und organisieren Tauch- und Schnorchel-Ausfahrten rund um die Insel. Anfänger dürfen im seichteren Gewässer ihre ersten Tauchgänge absolvieren, für Fortgeschrittene gibt es Tauchtouren zu Höhlen, Klippen und Wracks.

Vellmari Diving Center
Marina de Formentera 14
Tel. +34 971/322 105
formentera@vellmari.com
www.vellmari.com

Tauchclub Blue Adventure
Carrer Almadrava 67–71
Tel. +34 971/636 817 419
Fax +34 971/321 168
info@blue-adventure.com
www.blue-adventure.com

Punta de Sa Pedrera – im Naturschwimmbecken baden

Formenteras Norden bietet Orte von einzigartiger natürlicher Schönheit. Wer in abgeschiedener Ruhe baden will und dabei auf Sand verzichten kann, sollte einen Ausflug zur Punta de Sa Pedrera machen (nordwestlich der Lagune Estany des Peix). Direkt am Wasser befinden sich großartige Stein- und Felsformationen, die zum Klettern, Spazieren und Pausieren einladen. Einst befand sich hier ein Steinbruch, an dem die Römer Baumaterial abtrugen. Über die Jahrhunderte hinweg haben Meer und die Erosion die Felsen geformt, so dass Naturbadebecken entstanden sind. Wer Lust hat, kann ins kristallklare Wasser tauchen und sich der absoluten Ruhe dieses Ortes hingeben. Ein perfekter Ort für Yogaübungen und zum Meditieren!

Durch die Anhäufung des vom Wind transportierten Sandes entstehen Dünen, die sich mit der Zeit in eine Steinart verwandeln, welche auf den Inseln sehr bekannt ist. Dieser Stein heißt

Glasklar ist das Wasser der Badebecken

marès, ist leicht abzubauen und zu verarbeiten. Die meisten Gebäude Formenteras – von den einfachen Häusern der Landbevölkerung bis zu den rustikalen Landhäusern der Reichen – sind aus diesem Stein gebaut. Er passt in harmonischer Perfektion in die grüne Landschaft.

Hinkommen:

Von La Savina aus Richtung Sant Francesc fahren, kurz vor km 1 rechts in die Straße Richtung Can Marroig einbiegen, nach 300 Meter wieder rechts auf die Piste. Am Hotel Lago Dorado vorbeifahren.

Spaziergang rund um die Salinen

Die Salinen von Formentera sollte man kurz vor Sonnenuntergang besuchen, wenn das Licht auf dem Wasser glitzert und Vögel auf Nahrungsfang gehen. Das Salz, das durch Verdunsten des Wassers auf den Feldern gewonnen wurde, war einst die wichtigste Einnahmequelle auf Formentera. Eine kleine Eisenbahn beförderte das „weiße Gold", wie es früher genannt wurde, zum Hafen, wo es zum Transport in alle Welt verladen wurde.

Die Salinenfelder mit ihren zahl-

Türkises Wasser – der Kanal zwischen Illetes und der Insel S´Espalmador

reichen kleinen Mäuerchen und Wehre im flachen Wasser befinden sich rund um die beiden Lagunen Estany des Peix und Estany Pudent. Erstere ist mit dem Meer durch einen schmalen Zugang verbunden und verdankt ihren Namen der Vielzahl von Fischen, die dank der besonderen biologischen Qualität seines Wassers hier laichen (peix = Fisch). Letztere sondert bei hohen Temperaturen einen leicht fauligen Geruch ab und hat daher auch ihren Namen (pudent = übelriechend). Zahlreiche Vogelarten haben hier ihr Zuhause.

Diese Lagune, durch eine kleine Öffnung mit dem Meer verbunden, war einer der Häfen der Insel, bevor der heutige Hafen gebaut wurde.

Mit der Barca Bahia auf die Insel S´Espalmador

Die kleine Insel S´Espalmador liegt direkt vor der Nordspitze Formenteras und bietet einen herrlichen Strand mit kristallklarem Wasser und einem einer Robinsonade anmutendem Badeerlebnis. In der Mitte der Insel befinden sich schwefelhaltige Schlammlagunen. Früher konnte man darin baden, mittlerweile ist es verboten. Zur Insel S´Espalmador kommen nur Tagestouristen oder Yachtbesitzer, die in den Buchten ankern. Die Insel liegt weniger als 200 Meter vom Festland entfernt und die Passage ist nicht sonderlich tief, so dass man auch hinüber schwimmen könnte. Allerdings ist die Strömung

Die Legende von den bösen Schwestern

Einst war Formentera sehr fruchtbar. Auf einem der reichsten Gehöfte der Insel lebte eine Mutter mit ihren beiden Töchtern. Alle lebten glücklich und zufrieden bis zu dem Tag, als die Mutter starb. Damit begann das Unglück, denn jede der Schwestern erbte zwar genau die Hälfte des Besitzes, doch gab es nur eine sprudelnde Quelle auf dem Grundstück. Um diese Quelle stritten sie sich nun erbittert. Bald waren sie so verfeindet, dass sie nur noch darauf sannen, der anderen zu schaden. Der Hass hatte sich tief in ihre Herzen gegraben, und von Bosheit besessen, vergaßen sie darüber alles andere. So verkamen die Felder, die Blumen verdursteten und die Gebäude verfielen. Von dem blühenden Erbe war bald nichts mehr übrig. Eines Tages verfluchte die eine die andere: „Mögest Du doch mit samt Deiner verdammten Finca ersaufen!" Die andere erwiderte: „Und Dir wünsche ich dasselbe." Die Flüche wurden erhört. Aus dem Meer erhob sich eine riesige Welle, rollte donnernd über die Dünen und begrub Mensch und Tier, die Quelle und alles andere mit großem Getöse. Danach gab es nichts mehr an diesem Ort, nur ein salziger Tümpel, der bald zu stinken begann. Und so erhielt der See seinen unschmeichelhaften Namen „Estany Pudent" (Stinkender See), den er bis heute trägt.

Übrigens
Der See riecht tatsächlich an besonders heißen Tagen faulig. Der mit dem Meer verbundene, künstliche Kanal Sa Sequí ist einfach zu schmal für einen regen Wasseraustausch.

stark und unberechenbar, so dass selbst erfahrenen Schwimmern davon abzuraten ist. Ein warnendes Hinweisschild steht nicht umsonst da. Es gab schon Badegäste, die sich bei der Überquerung auf Nimmerwiedersehen verabschiedet haben. Völlig ungefährlich ist die Überfahrt mit der Barca Bahia, die von La Savina aus – via Platja de Ses Illetes – dreimal täglich die Insel ansteuert und bei der Strandbar Es Ministre einen Zwischenstopp (mit Zustiegsmöglichkeit) einlegt. Abfahrtszeiten in La Savina: 10.15, 11.45, 13.15 Uhr; Abfahrtszeiten auf S´Espalmador: 16.15, 17.30, 18.45 Uhr; Rückfahrticket: € 23,–. Nicht vergessen: ausreichend Essen und Trinken mitzunehmen!

Strände

Platja Es Cavall d´en Borrás

Nordöstlich von La Savina, noch vor der Platja de Ses Illetes. Der Strand ist einfach erreichbar – sei es mit dem Fahrrad oder sogar zu Fuß von La Savina aus –, so dass er zur Hochsaison etwas überlaufen sein kann, obwohl er nicht zu den Topspots unter den Stränden Formenteras gehört. Besonders Familien fühlen sich hier wohl, Wassersportenthusiasten sollten andere Destinationen wählen. Sonnenschirme bieten marginal Schatten, hinter den flachen Dünen befindet sich ein niedrig gewachsener Zedernwald. Das Geschehen konzentriert sich vor dem Restaurant „El Tiburon" und dem Strand-Club „Beso Beach". Ein Manko ist, dass der knapp 800 Meter lange Sandstrand und das kristallblaue Wasser gelegentlich von Algenbefall heimgesucht werden.

Platja de Ses Illetes

Auf der westlichen Seite der Landzunge ganz im Norden der Insel. Offiziell als FKK-Strand ausgewiesen, was jedoch kaum praktiziert wird. Für Inselbesucher ein absolutes Muss, denn der Strand ist sicherlich einer der schönsten Formenteras, wenn auch mit Abstand der teuerste. Hier tummeln sich die Reichen und Schönen, die mit ihren Speedbooten und Yachten von Ibiza herüber kommen. Am Strand reihen sich

Eingang ins Paradis: über Holzstege gelangt man zum Platja de Ses Illetes

Liegen und Sonnenschirme, schicke Bars sorgen für Musik und Drinks, dahinter bieten Restaurants in zweiter Reihe Opulentes für Augen und Magen, dies jedoch zu stattlichen Preisen. In einem Ambiente, das Ostseeküste mit Tropenflair zu vereinen meint – küstensäumende Kokospalmen fehlen allerdings! –, wird kräftig Baywatch imitiert. Wer sich dem Rummel entziehen will, läuft weiter Richtung Norden, wo es etwas stiller wird. Kristallklares Wasser, von türkis über aquamarin bis zu einem tiefen, tiefen Blau, im gleißenden Licht der Sonne glitzernd und blendend – dazu Sanddünen, hie und da von flachem Felsgestein unterbrochen, so weit das Auge reicht ... Dies ist die lockende Kulisse, dazu werden der „Location" angemessene Wassersport- und Amüsieroptionen geboten. Wer zu Fuß oder per Rad statt mit Auto oder Motorroller hierherkommt, ist dem Gedanken einer Naturschutzzone – und in einer solchen liegt die Platja de Ses Illetes – deutlich näher und erspart sich üppige Gebühren. Zum Sundowner trifft man sich im „Big Sur", hier bekommt man ab und an den ein oder anderen Promi zu Gesicht.

Platja de Llevant

Die Platja de Llevant reicht wie die Platja de Ses Illetes bis zur Nordspitze Formenteras, sie liegt jedoch auf der östlichen Seite der Landzunge. Das Gebiet ist unverbaut, der weitläufige Sandstrand ist ideal für Familien mit Kindern und Erholungssuchende – auch soll er eine inoffizielle wie diskrete Anlaufstelle der Gay Community sein. Wer am weitesten gen Norden hinauswandert, findet die einsamsten Stellen. Die Strömungen sind allerdings oft besonders stark und das Schwimmen wird dann sehr gefährlich. Sind die Wellen zu hoch, spaziert man einfach die andere Seite der Landzunge, zur Platja de Ses Illetes, wo der Strand geschützter ist und weniger Wind zu spüren ist. Das Strandambiente ist formentera-typisch: ein seichter, nur langsam absinkender Uferbereich, dessen türkisfarbenes Wasser zum Horizont hin in ein immer dunkler werdendes Blau übergeht, dazu sandige Dünen, ab und an flaches Felsgestein und eine nur allerspärlichste Vegetation. Fehlender natürlicher Schatten sorgt zudem für eine ständig lichtheischendes, blendendes Szenaium. Für das leibliche Wohl sorgt auf der Höhe des nördlichen Salinenendes die Bar „Tanga", die vor allem aufgrund ihrer guten und preisgünstigen Fischgerichte sehr beliebt ist. Seinen Drink nimmt man in der Regel im Kiosko Llevante, ein schlichter Strandkiosk in Richtung Sa Roqueta.

Auch auf Formentera voll im Trend: Stand Up Paddling

Unterkunft

Hotel Bahía
Direkt an der Mini-Flaniermeile der Marina befindet sich dieses freundlich geführte Hotel mit 33 schlicht eingerichteten Doppelzimmern. Manko: Der Service im Restaurant zeigt sich nicht immer in Bestform. Die Zimmer mit „offenem" Blick auf den Yachthafen sind unbedingt den gegenüberliegenden, zur Straße gerichteten vorzuziehen, die eine beengte, stickige Atmosphäre aufweisen. Das hauseigene Café eignet sich gut zum Peoplewatching und Frühstücken. Die Preise pro Doppelzimmer liegen je nach Saison zwischen 60 und 95 Euro.

Hotel Bahía
Puerto Deportivo de La Savina
Passatge de la Balandra
Cala Savina 6
Tel. +34 971/322 142
Fax +34 971/322 380
info@hotelbahiaformentera.com
www.hotelbahiaformentera.com

Hostal Bellavista
Ein nettes 3-Sterne-Hotel direkt am Yachtafen, mit geräumigen und gepflegten Zimmern in etwas unterkühlter Atmosphäre. Im zugehörigen Restaurant gibt es Hummersuppe, gegrillten Fisch und jede Menge Paellas. Besser nicht nach hinten raus schlafen, es könnte laut werden.

Hostal Bellavista
Port de La Savina,
Polígón de la Marina 18,
Tel. +34 971/323 324,
Fax +34 971/322 672,
reservas@hostal-bellavista.com
www.hostal-bellavista.com

Der Markt von La Savina

Hostal La Savina

Dieses altehrwürdige Gästehaus ist der Pionier in Sachen Unterkunft und Gastronomie in La Savina mit einer Tradition, die bis ins Jahr 1948 zurückreicht, und einer jüngeren Vergangenheit, in der sich das Haus einem gelungenen „Facelifting" unterzog. Es liegt direkt am Salzsee Estany des Peix und ist für preisbewusste Reisende, die Wert auf eine familiäre Atmosphäre und überschaubare Dimensionen legen, nach wie vor die beste Wahl vor Ort. Es sollte jedoch unbedingt ein Zimmer mit Seeblick bezogen werden. Diese sind teurer als die anderen zur Straße hin, die etwas klein und sehr hellhörig sind. Beliebtes Restaurant und WLAN vorhanden.

Hostal La Savina
Avinguda Mediterránea 20–40
Tel. +34 971/322 279
Fax +34 971/322 216
reservas@hostal-lasavina.com
www.hostal-lasavina.com

Essen und Trinken

Sa Sequi

Ein besseres Restaurant in der Abenddämmerung kann man sich kaum wünschen. Ruhig gelegen etwas fernab der Straße und mit tollem Blick auf das Meer, wenn am Horizont die Sonne versinkt. Geboten werden stets frische Fische und Spezialitäten der spanischen Küche. Immer wieder gelobt werden die Langusten des Sa Sequi. Das Preis-Leistungs-Verhältnis stimmt: Für eine Paella für zwei Personen bezahlt man etwa 35 €. Das Restaurant liegt zwischen der Strandbar Big Sur und dem Hafen von La Savina am Ende des sandigen Fahrradweges.

Sa Sequi
Venda de Ses Salines s/n
Tel. +34 971/187 494
Mobil +34 679/864 900 (Carlos)
www.restaurantesasequi.com

Es Molí de Sal

Eines der teuersten Restaurant auf der Insel, traumhaft gelegen, außerhalb von La Savina

Die Außenterrasse des Es Molí de Sal bietet eine herrliche Aussicht

Auch der "Innenbereich" des Es Molí de Sal kann sich durchaus sehen lassen

direkt oberhalb der Platja de Ses Illetes. Es befindet sich in einer ehemaligen, heute restaurierten Salzmühle und hat eine Außenterrasse mit phantastischem Blick bis rüber nach Ibiza. Hier bemüht sich die Noblesse, sich ganz informell, ja betont lässig zu geben – soweit es halt die Kreditkarte hergibt. Die Spezialitäten des Hauses sind eingelegte Fische nach traditioneller Machart, Hummer und Langusten.

Es Molí de Sal
Ca. Afores, s/n
Platja de Ses Illetes
Tel. +34 971/187 491
www.esmolidesal.es

Juan y Andrea

An der Platja de Ses Illetes – unter weit ausladenden hellen Sonnenschirmen – sitzen Segler, Verleger und Yachteigner in selbstgönnerischer Nonchalance mit den Füßen im Sand und genießen Leckereien aus der (früher schon mal entschieden mehr) gefeierten Restaurantküche. Deren Repertoire erstreckt sich natürlich von Meeresfrüchten und frischem Fisch des Tages über Garnelen und Hummer bis zu Lammkoteletts oder Beef Tenderloin. Für Gäste, die weder dem Geldadel noch vermeintlicher Prominenz entstammen, besteht bei Erhalt der Rechnung akute Infarktgefahr (auch für eine Online-Reservierung wird ein Obolus berechnet). Angeblich schaut hier schon mal die spanische Königsfamilie, mit oder ohne Matthias Ackeret, vorbei. Für Yachteigner gibt es einen Abholservice, Verleger und Intendanten lassen sich chauffieren.

Juan y Andrea
Platja de Ses Illetes
Tel. +34 971/187 130
juanyandrea1971@gmail.com
www.juanyandrea.com
täglich 12.30–15.30,
20.30–23.00 Uhr

Es Ministre
Das Es Ministre an der Platja de Ses Illetes ist ein beliebter Treff für Strandspaziergänger, Wanderer und Radfahrer. Serviert werden gute, jedoch überteuerte Fisch- und Fleischgerichte (€ 30–40 pro Gericht) – doch Ses Illetes ist schließlich auch dafür berühmtberüchtigt, dass man sich darin versteht, auch unbedarfte Gäste ordentlich abzukassieren. Das Restaurant eignet sich prima, um die Wartezeit auf das Ausflugsschiff Barca Bahía zu überbrücken, das von hier aus zum Hafen von La Savina und auf die Insel Espalmador pendelt.

Es Ministre
Platja de Ses Illetes
Tel. +34 609/600 538, www.
restauranteesministre.com
täglich 10–24 Uhr

Formentera Bakery
Die Formentera Bakery bietet einen Hauch von Italien und ein exzellentes Frühstück. Leckerer Kaffee und Kuchen stimmen mit frischgepressten Säften auf den Tag ein, später eignen sich Sandwiches mit Serrano-Schinken und Tomaten oder Lunch-Pakete zum Mitnehmen.

Formentera Bakery
Calle Mare de deu del Carme 1
Tel. +34 722/266 925
formenterabakery@outlook.com
www.formenterabakery.com

ILLA DE S´ESPALMADOR

Die Insel S´Espalmador liegt direkt vor der Nordspitze Formenteras, nicht einmal 200 Meter von dieser entfernt, misst in der Länge knapp drei Kilometer und ist kaum einen Kilometer breit. Einige aberwinzige Inselchen umgeben. S´Espalmador. Die südliche Bucht mit der palmengesäumten, traumhaft schönen Platja de s´Alga und ihrem kristallklaren, türkisen Wasser ist die präferierte Anlaufstelle von Tagestouristen aus Formentera und Ibiza. Davor ankern im Sommer Yachten und Segelboote. Außer dieser langgezogenen Bucht, weiteren Einschnitten im Nordwesten und der östlichen kleinen Platja Sa Senyora ist die Küste felsig und schroff. Auf der mit 22 Metern höchsten Erhebung der Insel thront der trutzige Wachtturm Torre de sa Guardiola (18. Jh.). Lange Zeit war neben der Platja de s´Alga eine schwefelhaltige Schlammlagune in der Inselmitte der hippe Rummelplatz der Touristen, die sich weidlich im Schlamm suhlten und mit exotisch-erdigen Fotos als Trophäen von dannen zogen. Bereits seit 2008 ist aufgrund restriktiverer Naturschutzvorschriften auf den Balearen diese Schlammlagune

Segelboote vor der Illa de S´Espalmador

mit Verbotsschildern und Seilen abgesperrt – jedoch mit mäßigem Erfolg, denn aufgrund latenter Ignoranz vieler Badegäste setzen einige sich unbeirrt über das Verbot hinweg.

Die Illa de S´Espalmador ist frei zugänglich, steht unter Naturschutz und ist seit den 1920er Jahren im Besitz einer unermesslich begüterten spanischen Familie. Wie so oft ist es die dritte oder spätestens vierte Generation der Erben, die entweder untereinander uneins, finanziell in Nöten oder beides den althergebrachten Besitz versilbern will. So auch in diesem Fall. Zur Offerte stehen 137 Hektar Inselland, zwei Häuser mit ca. 650 m^2 Wohnfläche, kleinere Wirtschaftsgebäude, eine Kapelle und – das mag Fluch oder Segen sein – die Aussicht auf Verweigerung zukünftiger Baugenehmigungen im unbebauten Naturschutzgelände durch den Consell Insular de Formentera. Also nichts, was das süße Leben stören könnte – und das für gerade mal 24 Mio. € (netto), die vom Maklerbüro eingefordert werden.

SANT FRANCESC DE FORMENTERA (Sant Francesc Xavier)

Sant Francesc de Formentera liegt drei Kilometer südlich von La Savina und ist die Hauptstadt respektive Verwaltungssitz von Formentera. „Hauptdorf" wäre in Anbetracht der gegebenen Verhältnisse die treffendere Bezeichnung, denn der Ort ist kaum mehr als ein größeres Dorf mit engen Straßen, niedrigen Häusern, gut tausend Einwohnern im Zentrum und noch einmal so viele im näheren Einzugsgebiet von Sant Francesc. Doch hier befinden sich das Rathaus, die Hauptpost und das Polizeipräsidium – und hier erledigen die Inselbewohner ihre administrativen Angelegenheiten. Von touristischem Interesse ist allemal die Option, hier in aller Ruhe auf Shoppingtour zu gehen, denn Sant Francesc bietet dafür die größte und beste Auswahl der gesamten Insel. Vom Marktplatz aus geht der Carrer Jaume I ab. Dieser bildet die kleine, überschaubare Fußgängerzone des

Ortes, in der sich Boutiquen, Haushaltswarenläden mit allem, was man zum täglichen Leben benötigt, eine Parfümerie, Buchhandlung, Fotogeschäfte, Galerien etc. befinden und in der in der Hauptsaison tagsüber eine Reihe von Ständen mit Kleidung, Kunsthandwerk, Strand- und Badesachen, bunten Keramiktellern und anderen Accessoires aufgebaut werden. Selbstversorger zieht es in Sant Francesc zu „Syp", zum größten Supermarkt der Insel.

Eine weitere Bezeichnung für Sant Francesc de Formentera ist Sant Francesc Xavier (oder San Francisco Javier) nach dem Namen der alten, trutzigen Wehrkirche „Església de Sant Francesc Xavier" aus dem 18. Jh., die samt der „Plaça de sa Constitució", dem Marktplatz, den unübersehbaren Mittelpunkt des Ortes markiert. Wer den verschlafenen Ort in „allerhöchster" Betriebsamkeit erleben möchte, kommt am besten am Vormittag hierher und lässt sich in der Fonda Platé nieder. Von diesem Café aus hat man einen idealen Überblick und kann – kühl beschattet – dem fröhlichen Treiben zuschauen. Oft sieht man unweit der Kirche ein paar alte Frauen in ihren schwarzen Gewändern, am Arm große Einkaufskörbe, aus denen Salate und Brote ragen. Eilig haben sie es nicht gerade. Jede Möglichkeit, ein gemütliches Pläuschchen mit einer Bekannten abzuhalten, wird fröhlich genutzt. Die eiligsten unter den Vorüberziehenden sind die jungen Geschäftsinhaber, die ihre Läden öffnen möchten.

Sehenswürdigkeiten

Wehrkirche Església de Sant Francesc Xavier

Hauptsehenswürdigkeit ist die wuchtige Kirche Església de Sant Francesc Xavier. Sie wurde 1726 zum Schutz vor Überfällen türkischer und maurischer Seeräuber erbaut und gleicht eher einer Festung denn einem Gotteshaus. Mit ihren dicken Mauern, den kleinen Lichtluken, die früher mit Kanonen bestückt waren, war sie in den Zeiten der räuberischen Überfälle der sicherste Ort auf der Insel. Die massive Holztür hat man zusätzlich mit Eisenplatten verstärkt und eine Zisterne sicherte den Schutzsuchenden im Belagerungsfall die Wasserversorgung. Im dämmrigen Inneren des einschiffigen, mit einem Tonnengewölbe überdachten Gebäudes zieht eine Statue des Schutzheiligen die Blicke auf sich. Von unbekannter Herkunft ist das kuriose Taufbecken. Keiner weiß, woher es stammt und warum das alabasterne Becken ausgerechnet Ochsenköpfe schmücken.

Museu Etnològic

Das Heimatkundemuseum gewährt einen Einblick in das Leben der Inselbewohner vor Formenteras „Touristenzeitalter". Man betritt es entweder durch die mit meist modernen Kunstwerken bestückte Galerie in der Fußgängerzone oder vom parallelen Carrer Santa María aus. Die kleine Lokomotive im Innenhof zog einst die Waggons, mit denen das Salz aus den Salinen zu den Schiffen gebracht wurde. Die Sammlung erfasst Trachten und alte Fotos sowie allerhand Gerät-

Die Església de Sant Francesc Xavier

schaften der Bauern und Fischer aus den letzten Jahrhunderten.

Museu Etnológic
Ca. Santa María
Di.–Sa. 10–14, 19–21,
So. 10–13, Mo. 19–21,
freier Eintritt

Galerie „Sala de Cultura Sa Nostra"
Ausgestellt werden vornehmlich Werke regionaler Künstler und Wechselausstellungen von zeitgenössischen Künstlern, die in ihrer Vita einen Bezug zu Formentera aufweisen.

Galerie
„Sala de Cultura Sa Nostra"
Ca. Jaume 17
Tel./Fax +34 971/323 227
Mo.–Fr. 10.30–13.30, 17–19,
Sa. 10.30–13.30 Uhr,
So. geschlossen, freier Eintritt

Capella Sa Tanca Vella
Die winzige Kapelle ist das älteste Bauwerk christlichen Ursprungs auf Formentera. Sie wurde im 14. Jh. nach der Vertreibung der Mauren im Zuge der Christianisierung von Katalanen errichtet und mit einem kleinen Glockenturm versehen. Man gelangt zu ihr am südöstlichen Ortsrand im Carrer d'Eivissa.

Unterkunft

Casa Rafal
Die Pension Casa Rafal bietet sehr günstige, ruhige Zimmer mit Bad. Die Besitzer sind außergewöhnlich freundlich und haben jede Menge Tipps für ihre Gäste (Fahrradverleih, Busverbindungen, Wäsche waschen etc.). Im zugehörigen Restaurant gibt es leckeren frischen Fisch und wirklich tolle Paella zu Preisen, die absolut in Ordnung sind.

Casa Rafal
Carrer d´Isidor Macabich 10
Tel. +34 971/322 205
casarafal@hotmail.com
www.casarafal.com

Es Marès Hotel & Spa
In altehrwürdigen Mauern ist modernes, unterkühltes Design eingezogen – und ein jüngeres Hotel mit einem Ambiente von

stilbewusster Exklusivität. Selbstredend, dass ein angeschlossener Spa-Bereich Entspannung und Wohlbefinden der Gäste komplettiert. Für den gebotenen Luxus können für einen längeren Aufenthalt keine Budgetpreise erwartet werden. Immerhin bietet das Hotelrestaurant Leckeres zu überraschend moderaten Preisen – und das Frühstück im hübsch gestalteten Innenhof lässt die Hotelgäste permanent ins Schwärmen kommen.

Es Marès Hotel & Spa
Carrer Santa María 15
Tel. +34 971/323 216
info@hotelesmares.com
www.hotelesmares.com

Essen und Trinken

Bar Centro

Eines der ältesten Cafés in Sant Francesc de Formentera, in bester Lage am Marktplatz mit Sicht auf die Kirche. Residenten und Einheimische lieben die zeitlose Schlichtheit der Bar, ein klassischer Fall von Trendverweigerung. Zum Café, das u.a. ausgezeichnete Tapas und Bocaditos serviert, gehören sieben sehr einfache Zimmer, die man für ca. 35 Euro pro Nacht mieten kann.

Bar Centro
Plaça de la Constitució 3
Tel. +34 971/322 063
info@barcentroformentera.com
barcentroformentera.blogspot.de

Café Columbus

Wer sich zu Tea time eine Pause unter blühendem Oleander gönnen möchte, sollte im Café Columbus vorbeischauen. Hier gibt es kleine Mittagsgerichte, hausgemacht Kuchen und raffinierte Eisbecher.

Café Columbus
Carrer d´Isidor Macabich 7
Tel. +34 971/322 454

Fonda Platé

Von dieser Café-Bar aus hat man einen perfekten Blick auf den Marktplatz und ist sowohl drinnen als auch draußen mitten im Geschehen. Dennoch kann man hier in Ruhe sitzen, frische Tapas, ein kühles Bier oder einen Milchkaffee genießen und dabei Leute beobachten.

Fonda Platé
Carrer Jaume I 1
Tel. +34 971/322 313

Restaurante Es Cap

Das Es Cap ist vor allem bei Einheimischen sehr beliebt, aber auch Touristen kennen inzwischen den lange als „Geheimtipp" gehandelten kommunikativen Ess-Spot, was so lange hinter vorgehaltener Hand weitergeraunt wurde, so dass nun auch die Preise kräftig angezogen sind. Man sitzt gemütlich auf der großen Gartenterrasse und genießt köstliche Lammkoteletts. Auch die Fischgerichte nach „authentisch formenterer Art" sind zu empfehlen.

Restaurante Es Cap
Carretera Cap de Barbária 1782
Tel. +34 971/322 104
info@restaurantescap.com
www.restauranteescap.com

Restaurante la Estrella Dorada

Einer der Haupttreffs in Sant Francesc in der Nähe der Kirche – und das von morgens um acht bis gegen Mitternacht. Küche und Ambiente sind definitiv basic, die Preise entsprechend, allerdings definitiv keine Schnäppchen. Für diejenigen eine Empfehlung, die eine „dichte" Atmosphäre mögen und nicht der Spezies „Gourmet" angehören.

Restaurante la Estrella Dorada
Carrer Jaume1 8
Tel. +34 971/322 592

Ausflugsziele

Cala Saona

Die Cala Saona, eine malerische, von hohen Felsen eingerahmte Bucht im Westen von Formentera, muss man einfach gesehen haben. Vor allem zum Sonnenuntergang gibt es kaum einen schöneren Platz auf der Insel. Wer zur Hochsaison hierher kommt, wird allerdings enttäuscht sein. Dann befinden sich entschieden zu viele Menschen auf zu engem Raum. Von San Francesc aus kann man eine

Cala Saona

herrliche Wanderung zur Bucht unternehmen. Man geht in Richtung Südspitze Cap de Barbária bis zu der beschilderten Abzweigung (nach ca. zwei Kilometern, beim Fußballfeld). Danach führt ein befestigter Weg zur Bucht. Auf der Terrasse des einzigen Hotels in der Nähe kann man sich erfrischen oder versuchen, sich durch die Menge einen Weg ins Meer zu bahnen. Wie gesagt: Zu Nebenzeiten eine herrlich verträumte Bucht, zur Hauptsaison ein einziger Alptraum.

Die Buslinie 3 verbindet Cala Saona mit Sant Francesc dreimal täglich.

Wer in der Bucht übernachten will, ist im Hotel Cala Saona bestens aufgehoben. Die Zimmer sind stilsicher eingerichtet. Spa & Wellnessbereich, Pool, Fitnessraum, Bibliothek, Spielplatz, Minishop, Auto- und Motorradvermietung sind vorhanden. Das zum Haus gehörende Restaurant mit Außenterrasse hat einen sehr guten Ruf. Die Familie Juan Ferres weiß bestens zu bewirten.

Hotel Cala Saona
Cala Saona
Tel. +34 971/322 030
info@hotelcalasaona.com
www.hotelcalasaona.com

Der Leuchtturm des Cap de Barbária

Cap de Barbária

Wer das Glück hat, mutterseelenallein am Rande der Klippen zu sitzen, darf sich über ein wirklich spirituelles Erlebnis freuen. Schon bei Tage ist dieser Ort am südlichsten Ende der Insel sehenswert, aber unter dem Sternenhimmel oder gar bei Vollmond gibt es kaum einen magischeren Platz. Obwohl die unwirtliche Steinwüste eher einer Mondlandschaft gleicht und auf den ersten Blick nicht gerade zum Verweilen einlädt. Wie der Name schon verrät, verdankt das Kap seine Bezeichnung den „Barbaren" oder den nordafrikanischen Stämmen der „Berber", was für die piratengeplagten Insulaner wahrscheinlich ein und dasselbe gewesen ist. Heute steht an der Stelle, von der einst die gefürchteten Seeräuber gesichtet wurden, ein einsamer Leuchtturm. Von hier aus gelangt man zu Fuß in etwa zehn Minuten zur „Torre des Garroverret", einem der fünf im 18. Jh. errichteten Wachttürme Formenteras.

Schon die Fahrt zum Cap ist ein Erlebnis, denn kurz nach San Francesc Richtung Südwesten offenbart die Insel ihren eigentümlichen, schroffen Charakter. Zum typischen Bild Formenteras gehören die von niedrigen Steinzäunen umgebenen Bauernhäuser mitsamt Schafen, Ziegen und Feigenbäumen. Auch wenn alles nicht mehr ganz so einsam und ländlich ist, wie es mal war, kann man sich doch ein paar Jahrzehnte in der Zeit zurückversetzt fühlen.

Auf dem Weg zum Kap kommt man an den Ausgrabungsstätten Barbária II, Barbária III und schließlich Barbária I vorbei. Sie stammen alle aus der ersten Hälfte des zweiten Jahrtausends v. Chr. und wurden erst vor wenigen Jahrzehnten entdeckt. Die größte von ihnen ist Barbária II, eine aus insgesamt neun Gebäuden unterschiedlicher Grundrisse bestehende Siedlung. Man geht davon aus, dass hier einst zwei Wohnungen standen und der Rest als Werkstätten und Ställe genutzt wurden. Die beiden anderen Ausgrabungsstätten sind bedeutend kleiner und weisen keine Spuren menschlicher Besiedelung auf. Sie dienten vermutlich nur als Lagerstätten.

SAN FERRÁN DE SES ROQUES

Das kleine Städtchen San Ferran de ses Roques, auch San Fernando genannt, liegt drei Kilometer östlich von Sant Francesc und ist der zentrale Verkehrsknotenpunkt der Insel, von dem aus man alle anderen Orte auf der Insel schnell erreicht. In den 1960er Jahren war San Fernando das auserwählte Zentrum der Hippies auf Formentera. Die legendären Bars und Kneipen zehren heute noch vom Glanz und Mythos der alten Zeiten, allen voran die Fonda Pepe. Auch heute noch ist nachts, wenn anderswo auf Formentera längst die Bürgersteige hochgeklappt sind, noch was los.

Die Steinkirche von San Ferrán

Die Klassiker

Fonda Pepe

Wer nach San Ferrán de ses Roques kommt, will die Fonda Pepe sehen. Die Bar war in den späten 1960ern und in den 1970ern beliebtester Treffpunkt für alternative Urlauber, Aussteiger und Hippies. Hier wurde die ganze Nacht getrunken, geraucht, gebaggert und philosophiert. Wer es schaffte, ergatterte einen Platz auf dem legendären Mäuerchen, das die winzige Terrasse hinter der Bar begrenzte. „Die Fonda", wie sie von Einheimischen liebevoll genannt wird, war, ist und bleibt der Treff auf der Insel, auch wenn die Hippie-Zeiten längst vorbei sind. Auch Pepe ist längst in Rente gegangen. Heute wird die Fonda von seinem Sohn Julian geführt. Und die alten Haudegen, die immer noch oder immer wieder hierher kommen, haben nun schütteres Haar, sind ergraut oder gänzlich kahl, mischen sich ungezwungen unter all die Pauschaltouristen, die in Bussen kommen, Schaulustige allenthalben, deren Neugier irgendwas oder eben ein solcher Reiseführer geweckt hat. Im Zeitalter der Smartphones ist die Fonda als kommunikative Nachrichtenbörse längst obsolet. Nur noch wenige Zettelchen hängen an der Säule in der Saalmitte. Und das Lokal – wahrlich keine Schönheit – verströmt die Atmosphäre eines Bahnhofwartesaals. So wird jeder, der tagsüber herkommt, nur um ein Foto von der berühmten Bar zu machen, zweifelsohne enttäuscht werden. Der Ort entfaltet erst abends seinen Zauber, wenn Bier, Wein und Kräuterlikör

Die Weltkneipe: Fonda Pepe

ausgeschenkt werden, die Musik dröhnt und die Terrasse aus allen Nähten platzt.

Fonda Pepe
Carrer Major 6
Tel. +34 971/328 033

Formentera Guitars

Auf Formentera schlägt das Musikerherz höher: Chris Rea, Jimi Hendrix, Pink Floyd, Wolf Biermann, Bob Dylan – sie alle waren in den 1960er und 1970er Jahren hier, ließen sich inspirieren und spielten in den berühmten Bars und Kneipen. Auch heute noch kommen zahlreiche Musikliebhaber auf die Insel. Adresse Nummer eins ist die Werkstatt von Formentera Guitars, schräg gegenüber der legendären Bar Fonda Pepe. Inhaber Ekkehard Hofmann, genannt „Eki", ist ein echtes Insel-Original: entspannt, offen und herzlich – auch Fremde werden von ihm mit einer Umarmung begrüßt. Wer zu ihm kommt, will meist den lang gehegten Traum von der eigenen, handgefertigten Gitarre verwirklichen. Und das ist in Ekis Werkstatt möglich. Vom Nachbau einer Stratocaster, Les Paul, PRS oder Jazz-Bass bis hin zu ganz eigenen Entwürfen, 7-saitige Gitarren, Bariton-Gitarren oder Linkshänder-Instrumenten, der Phantasie sind keine Grenzen gesetzt. Sämtliche Details sind frei wählbar: Mensur, Halsdicke und -breite, Hardware und Pickup-Bestückung. Pro dreiwöchigem Workshop sind nur sechs Teilnehmer zugelassen, damit sich die Lehrer intensiv kümmern können. Inklusive der Materialkosten zahlen die Gitarrenbauer € 2.200, ein traumhaft günstiger Preis, wenn man bedenkt, wie teuer eine gute Gitarre im Fachgeschäft ist.

Formentera Guitars
Carrer de Sant Jaume 17
Tel. + 34 971/328 688
www.formentera-guitars.com

Sehenswertes

Cova d´en Xeroni

Nur wenige Kilometer von San Fernando entfernt liegt die unspektakuläre Tropfsteinhöhle

Cova d'en Xeroni (Coves den Jeroni), die nicht besonders groß, aber dennoch einen Besuch wert ist. Beim Besitzer Vicente Turmayans, der die Höhle 1975 zufällig beim Brunnengraben entdeckte, nachfragen, wann er Zeit für eine Besichtigung hat. Er spricht gut deutsch und kann einige Anekdoten erzählen. Hinkommen: auf der Straße von San Ferrán nach La Mola bei km 6,3 nach rechts abbiegen und der Beschilderung folgen.

Übernachten

Illes Pitiuses

Nicht das günstigste, dafür aber sicher das beste Hotel in San Fernando. In der Hauptsaison kann man hier schon mal bis zu € 120 pro Nacht loswerden. Geboten werden 26 Zimmer, ein Restaurant und zwei Außenterrassen. Da die Busstation direkt vor dem Haus ist, kann man Abstecher auf die ganze Insel unternehmen. An der Rezeption wird mit hoher Wahrscheinlichkeit Deutsch verstanden.

Illes Pitiuses
Carrer de
Joan Castelló Guasch 48
Tel. +34 971/328 189
info@illespitiuses.com
www.illespitiuses.com

Hostal Fonda Pepe

Die Pension befindet sich direkt gegenüber der legendären Hippie-Bar Fonda Pepe, dementsprechend kann es hier nachts laut auf den Straßen zugehen. Wer ruhig schlafen möchte, sollte ein Zimmer Richtung Pool buchen. Äußerst freundlich geführt. Im Winter sind die Zimmer heizbar.

Hostal Fonda Pepe
Carrer Major 53
Tel. +34 971/328 033

Essen und Trinken

Bar Verdera

Die Bar Verdera liegt direkt gegenüber dem Hostal Illes Pitiuses an der belebten Kreuzung und ist der perfekte Treff für ein gemütliches Frühstück mit der wahrscheinlich größten und leckersten Tapas-Bar der ganzen Insel. Die Preise sind trotz der Berühmtheit nach wie vor moderat.

Bar Verdera
Carrer de
Joan Castelló Guasch 43
Tel. +34 971/328 157

Can Forn

Ein nettes, kleines Lokal am Carrer Major. Der freundliche Familienbetrieb bietet inseltypische Köstlichkeiten zu moderaten Preisen, z.B. „Formentera-Schwein", bei dem gegrillte Schweinefleischscheiben mit Zimt, Paprika und Äpfeln geschmort werden.

Can Forn
Carrer Major 39
Tel. +34 971/328 155

Quartieri Spagnoli

Hier gibt es italienische Küche: Pasta, Pizza, Fleischgerichte, Salate und Eis. Besonders schön lässt es sich auf der stimmungsvollen Außenterrasse speisen. Ein touristischer, keineswegs preisgünstiger Ort, dessen Service eine wechselnde Tagesform an den Tag legt.

Quartieri Spagnoli
Carrer de Cala en Baster 10
Tel. +34 609/415 350, www.quartierispagnoliformentera.es

La Tortuga

La Tortuga serviert seit eh und je eine besondere Insel-Spezialität: „Formentera-Schwein" mit geschmorten Äpfeln. Ein Gedicht! Die Finca mit ihrem Vorgarten unter Bäumen eignet sich optimal für einen Urlaubsabend, an dem man es sich mal so richtig gut gehen lässt. Hauptstraße in Richtung La Mola auf der rechten Seite.

La Tortuga
Ctra. la Mola km 6,5
Tel. +34 971/328 967
www.restaurant-latortuga.com

Tortuga bedeutet im DeutschenSchildkröte

Bar Ses Roques

Direkt gegenüber dem Restaurant La Tortuga liegt das Ses Roques. Die Musik-Bar gehört zum gleichnamigen Motel. Hier haben angeblich schon Mick Jagger, Bob Dylan und James Taylor übernachtet. Serviert werden Tapas und Sushi, wer Glück hat, bekommt sogar Live-Musik zu hören. Mittwoch abends brummt der Laden bei „Rock ´n´ Roques".

Bar Ses Roques
Ctra. la Mola km 6,6
Tel. +34 602/529 610
info@motelsesroques.com
www.motelsesroques.com

Restaurant Ses Feixes

Auf halber Strecke zwischen San Ferrán und Es Pujols findet sich das Restaurant Ses Feixes (dem Hinweisschild folgend, nach rechts abbiegen). Hier kann man gemütlich im Hof sitzen und mediterrane Küche, Pizza oder Grill-Spezialitäten genießen.

Restaurant Ses Feixes
Ctra. PM 820-02
Venda de Sa Punta 3526
Tel. +34 971/328 392
www.sesfeixes.com

ES PUJOLS

Es Pujols ist der größte Ferienort auf Formentera mit der besten touristischen Infrastruktur. Der Ort besitzt eine wunderschöne Strandpromenade mit Kiosken und Souvenirläden, etliche Straßen mit Hotels und Restaurants sowie ein pulsierendes Nachtleben mit zwei Clubs („Tipic" = FLOWER POWER und „Pineta") und zahlreichen Bars.

Eigentliche Sehenswürdigkeiten gibt es in Es Pujols nicht. Das Städtchen kann noch nicht mal mit einer alten Kirche oder einem Wehrturm aufwarten. Das liegt daran, dass Es Pujols nicht historisch gewachsen ist, sondern in den 1960er Jahren in die Dünenlandschaft auf dem schmalen Landstreifen zwischen dem Salzsee Estany Pudent und Meer angelegt wurde, um dem aufkommenden Tourismus einen Ort mit kompletter Infrastruktur anzubieten. Hässliche Betonklötze und riesige Hotelkomplexe findet man hier dennoch nicht und wird man auch auf ganz Formentera nicht zu Gesicht bekommen. Die Insel hat sich ihre Ursprünglichkeit und Beschaulichkeit bewahrt, und so wird man in eher kleinen Hotels und einfachen Pensionen unterkommen.

Auch wenn es in Es Pujols etwas quirliger und lebendiger zugeht, ist all das noch immer kein Vergleich zu den Touristenorten auf Mallorca oder Ibiza. Ungehemmtes, exzessives Feiern gibt es hier nicht.

Die meist gesprochene Sprache in Es Pujols ist übrigens Deutsch. Im Restaurant kann man genauso in seiner Landessprache bestellen wie beim Fahrradverleih. Selbst die Verkäufer, die allabendlich ihre Stände an der Promenade aufbauen, preisen ihre Ware auf rheinländisch oder bayerisch an. Hört sich alles in allem nicht besonders sympathisch an? Ist es dennoch! Denn die vielen Deutschen präsentieren sich gut gelaunt, offen und genussfreudig, hilfsbereit, ganz selten laut und aufdringlich – genau so, wie man die Deutschen im Urlaub am liebsten hat.

Sehenswertes

Ca Na Costa

Zu den wenigen historischen Sehenswürdigkeiten auf Formentera gehört ein besonders wichtiger Fund: das megalithische Monument von Ca Na Costa aus dem Jahre 1800 vor Christus, das kurz nach dem Ortsausgang von Es Pujols an der Straße nach Las Salinas liegt. Megalithgräber sind Großsteingräber (im Volksmund auch Hünengräber genannt), in denen meist mehrere Menschen bestattet wurden. Sie bestanden aus einigen Trag- und einem oder mehreren Decksteinen. Die ganze Anlage wurde mit einem Erdhügel überwölbt. Man sollte sich ruhig Zeit nehmen, das alte Grab genauer in Augenschein zu nehmen, denn es zählt zu den bedeutendsten vorgeschichtlichen Stätten der Balearen.

Aktivitäten

Wassersport

Im wet4fun kann man Segel- und Motorbote, Surfbretter, SUP-Boards und Kanus ausliehen oder Kurse in den unterschiedlichen Wassersportarten belegen. Perfekte Wetterverhältnisse und traumhaft blaues Wasser gibt es oben drein. Das sympathische Wassersportzentrum befindet sich am nordwestlichen Rand von Es Pujols.

Wassersportzentrum
Calle Roca Plana 51–69
Tel. +34 971/321 809
office@wet4fun.com
www.wet4fun.com
Mo.–Fr. 9–13 Uhr

Strände

Playa Es Pujols

Die gut geschützte Badebucht der Cala des Pujols mit sehr seichtem, im Uferbereich nur ganz flach abfallendem Wasser und eine Promenade, an und hinter der man mit allem Notwendigen für eine entspannte Strandparty eindecken kann: Dies sind die Attribute, die dafür sorgten, dass die Playa Es Pujols der am meisten besuchte Strand von ganz Formentera ist. Zumal man ihn in nur wenigen Schrit-

Die Badebucht der Cala des Pujols

ten vom Ortszentrum bequem erreichen kann. Auch die touristische Infrastruktur direkt am Strand ist perfekt: Liegestühle, Sonnenschirme, Tretboote, Surfbretter, Parasailing und Restaurants – alles was man zu vermeinen braucht, ist vorhanden. Der Sand wird jeden Tag gereinigt und immer wieder neu aufgeschüttet. Zur Hochsaison kann es recht eng werden, dann sind en masse Familien mit Kindern unterwegs. Die Kleinen bauen ihre Sandburgen und versuchen, die winzigen Fische zu fangen, die es hier oft in Schwärmen gibt. An ein ungestörtes Nickerchen im weißen Sand ist kaum zu denken. Allerdings kann man hier auch schnell Bekanntschaften schließen.

Sa Roqueta

Nordöstlich der Cala des Pujols schließt sich Sa Roqueta an. Formentera-Liebhaber kennen den Strand noch als „Desirée-Strand" – benannt nach einer Holländerin, die dort einst eine Strand-Bar betrieb. Heute ist die abgeschiedene Strandsiedlung immer noch sehr beliebt, vor allem bei Ruhesuchenden und Familien mit Kindern. Dennoch ist Sa Roqueta deutlich „wilder" als die Playa Es Pujols. Dafür sorgen viele Einbuchtungen aus teilweise rauem, teilweise flachem Felsgestein, das wie die feine Sandfläche oft von Wasser überspült wird. In naturgegebenen Nischen finden Nudisten geschützte Rückzugsmöglichkeiten. Die nächtlichen Vergnügungsmöglichkeiten sind rar, abgesehen vom Kiosko Fermín, einer Bar, die früher berühmt berüchtigt war für wilde Partys und auch heute noch der wichtigste Treff in der Gegend ist. Neben leckeren Salaten gibt's Bocarrones und frische Tortillas.

Segelboot am Strand von Sa Roqueta

Übernachten

Hotel Rocabella

Das ist das Sympathische an Formentera: Die exklusivste Lage am Strand hat sich nicht etwa ein den Superreichen vorbehaltener Edelbunker unter den Nagel gerissen. Nein, hier steht – traumhaft gelegen am Kap beim nordwestlichen Strandende – ein Hotel für jedermann mit moderaten Preisen und tollem Service. Die Zimmer sind recht schlicht, dafür ist der Pool schön gelegen und die Lage am Rande von Es

Pujols sehr ruhig. In der Hauptsaison kosten die Zimmer zwischen 60 und 110 Euro.

Hotel Rocabella
Platja Es Pujols s/n
Tel. +34 971/328 019
reservas@roca-bella.com
www.zulmarhotels.com

Complejo Lago Playa

Die Ferienanlage Lago Playa liegt mit mehreren Gebäuden etwas außerhalb von Es Pujols in unmittelbarer Nähe zum Strand Sa Roqueta. Man kann einzelne Zimmer oder Bungalows mit mehreren Zimmern mieten. Sehr praktisch für einen Aufenthalt mit der ganzen Familie, auch wenn der gehobene Zulmar-Standard seinen Preis hat.

Complejo Lago Playa
Venda de Ses Salines s/n
Tel. +34 971/328 551
info@zulmarhotels.com
www.zulmarhotels.com

Hotel Voramar

100 Meter vom Strand entfernt und mitten im Zentrum von Es Pujols befindet sich das Hotel Voramar. Es gibt rund 40 Doppelzimmer mit Bad, Terrasse oder Balkon, WLAN und Mini-Kühlschrank. Der Service ist stets vorbildlich und die Atmosphäre sehr freundlich. Besonders geschätzt wird hier das Frühstück. Man sitzt direkt an der Straße (unbedingt ein Zimmer zum Pool hin und nicht zur Straße mit kräftigem Geräuschpegel wählen) zum Strand und hat einen guten Überblick über das Kommen und Gehen in Es Pujols.

Hotel Voramar
Avinguda Miramar 68
Tel. +34 971/328 119
info@voramarformentera.com
www.voramarformentera.com

Hotel Sa Volta

Das Sa Volta ist ein kleines, familiäres 3-Sterne-Hotel mit 25 Zimmern im Zentrum von Es Pujols. Die Zimmer sind sehr gepflegt und komfortabel, auf der Dachterrasse gibt's sogar einen kleinen Pool. Das zum Hotel gehörige Café an der zentralen Kreuzung ist eines der beliebtesten im Ort.

Hat man am Vorabend vergessen, sich die Telefonnummer der Bar-Bekanntschaft geben zu lassen, braucht man sich nur hier niederzulassen und darauf zu warten, bis sie vorbei spaziert.

Hotel Sa Volta
Avinguda de Miramar 94
Tel. +34 971/328 125
info@savolta.com
www.savolta.com

Tahiti

Optimal für Leute, die direkt im Zentrum des Geschehens sein möchten, sich zum Schlafen aber gerne in eine ruhigere Ecke begeben. Das Tahiti liegt unmittelbar am Strand von Es Pujols, bis zum Ortskern sind es etwa fünf Minuten zu Fuß. Zimmer und Aufenthaltsräume sind stilvoll eingerichtet, draußen lockt eine Außenterrasse mit Pool.

Hotel Tahiti
Carrer des Fonoll Marí 8/28
Tel. +34 971/328 122
info@tahiti.es
www.tahiti.es

Apartamentos Catalina

Dieses Haus liegt fünf Minuten vom Stadtzentrum von Es Pujols und drei Minuten vom Strand entfernt. Die Apartments sind äußerst großzügig und optimal für Familien mit Kindern. Die Ausstattung kann sich sehen lassen: zwei separate Schlafzimmer, Klimaanlage, Küchenzeile und Terrasse oder Balkon.

Apartamentos Catalina
Carrer des Fonoll Marí 62
Tel. +34 971/328 122
apartamentoscatalina@gmail.com
www.apartamentoscatalina formentera.com

Hostal Capri

Die freundliche, familiäre Pension verfügt über 15 einfache Doppelzimmer mit Bad. Sie gehört zum gleichnamigen Restaurant, das eines der ältesten und beliebtesten der Stadt ist. Das Zimmer gibt es ab 50 Euro pro Nacht. Empfehlenswert für strategiebewusste Nachtschwärmer und lärmresistente Tiefschläfer.

Hostal Capri
Avinguda Miramar 29
Tel. +34 971/328 352
reservas@hostalrestaurantecapri.com
www.hostalrestaurantecapri.com

Castavi Apartments

Das Apartmenthaus liegt an der belebten Durchfahrtsstraße von Es Pujols zwischen dem Binnensee Estany Pudent und dem Meer. Die Apartments haben Schlafzimmer, Küche, Bad, Klimaanlage, draußen gibt es einen Pool. Im Winter kosten die Apartments rund 90 € pro Nacht, im Sommer 180–325 € pro Nacht.

Castavi Apartments
Carrer Espalmador 57
Tel. +34 971/328 521
www.castavi.com

Hostal Levante

Das freundlich geführte Hotel ist für Familien mit Kindern bestens geeignet. In der Hochsaison ist es mit seinen hübschen Zimmern ein bevorzugtes Ziel von Pauschalurlaubern, die Preise für ein Doppelzimmer liegen je nach Aufenthaltsmonat zwischen 80 € (Mai) und 200 € (August) pro Nacht. Direkt an der Durchfahrtsstraße von Es Pujols, dennoch nur wenige Minuten zum Strand.

Hostal Levante
Carrer Espalmador 21
Tel. +34 971/328 193
info@hotel-levante.com
www.hostal-levante.com

Hotel Rosamar

Dieses kleine Hotel mit beliebtem Restaurant liegt nordwestlich von Es Pujols in der Nähe des Strandes Sa Roqueta. Herrliche, ruhige Lage und gepflegte, nett eingerichtete Zimmer.

Hotel Rosamar
Platja de Levante
Tel. +34 971/328 198
hrosamar01@gmail.com
www.hotel-rosamar.com

Hostal Sa Roqueta

Das Hostal Sa Roqueta liegt am gleichnamigen Strand und verfügt über 37 einfache aber bezahlbare Zimmer. Wer Glück hat, erwischt ein Zimmer mit Meerblick, die Aussicht ist wirklich grandios. Service und Gastfreundlichkeit liegen jedoch höchstens in der Zwei-Sterne-Kategorie. Im Haus gibt es einen Fahrrad- und Mofaverleih.

Hostal Sa Roqueta
Carrer Proyecto s/n
Tel. +34 971/328 506

Essen und Trinken

Caminito

Das argentinische Steakhaus Caminito befindet sich direkt an der Promenade von Es Pujols. Optimal, wenn man keinen Fisch mehr sehen kann, und es einen nach einem blutigen Steak verlangt, das neben einem illuminierten Pool serviert wird.

Caminito
Carrer Roca Plana 49
Tel. +34 971/328 106
caminito@caminitoformentera.es
www.caminitoformentera.es

Espardell

Was gibt es schöneres, als morgens an die Strandpromenade zu schlendern und mit Blick aufs Meer zu frühstücken? Das Espardell am Paseo Marítimo sei zu diesem Zweck wärmstens empfohlen, obwohl in den letzten Jahren die Preise merklich angezogen haben. Tagsüber kann man auch schmackhafte Pasta, Salate und Paninis essen.

Espardell
Avenida Miramar 6
Tel. +34 971/328 357
www.espardell.com
April–Oktober tägl. 8–2 Uhr

Pinatar

Sehr feine, inseltypische Küche. Hier bekommt man Meeresfrüchte und frischen Fisch, zum Beispiel Seeteufel, Muscheln, Hummer, Tintenfisch, Wolfsbarsch und natürlich auch „Zarzuela", der typische Fischeintopf mit Tomaten und Zwiebeln. Wer´s ländlicher mag, genießt hier Steaks und geschmorten Lammbraten. Sehr freundliche Leute.

Pinatar
Avenida de Miramar 25
Tel. +34 971/328 137
www.restaurantpinatar.com

Casanita Cantina y Pescado

Trotz der Bezeichnung „Cantina“ und der mehr kitschigen denn stilsicheren äußeren Erscheinung serviert die Casanita ambitionierte und bestens zubereitete italienische Küche und alles, was das Meer vor Formentera zu bieten hat. Tadelloser Service, gehobenes Preisniveau, unbedingt reservieren! Formentera-Neulinge wählen am besten das Tagesmenü.

Casanita Cantina y Pescado
Calle des Fonoll Marí 101
Tel. +34 971/321 968
info@casanita.net
www.casanita.net

Restaurant Capri

Glücklich, wer zur Hauptsaison auf der großen, schattigen Terrasse noch einen Platz ergattert. Das Lokal ist eines der ältesten Speiselokale am Ort und vor allem wegen seiner delikaten und bezahlbaren Fischgerichte sehr beliebt. In der angeschlossenen Pension kann man zudem preisgünstig übernachten.

Restaurant Capri
Avinguda Miramar 29
Tel. +34 971/328 352
www.hostalrestaurantecapri.com

Nachtleben

Bananas & Co.

Bananas & Co. wird von zwei Italienern geführt, die immer wieder Bands und DJs für die nächtliche Unterhaltung engagieren. Offener Innenhof mit mehr oder weniger hübschem Publikum – oder eines, das sich mindestens dafür hält. Gezwungene Lässigkeit und oft dürftige Cocktails, insbesondere in Relation zu ihren Preisen. Dennoch wird hier getrunken, gelacht, geflirtet und getanzt bis zum Morgengrauen.

Bananas & Co.
Carrer Roca Plana 82
Tel. +34 619/143 277
www.bananasformentera.com
23–4 Uhr

Pachanka

Gleich nebenan liegt das Pachanka, hier wird bis in die frühen Morgenstunden (Warm up erst zwischen Mitternacht und 2 Uhr) getrunken, gefeiert und getanzt. Zu erkennen an den übergroßen bunten Buchstaben an der Außenterrasse.

Pachanka
Carrer Roca Plana s/n
Tel. +34 669/877 657
Fr.–So. 23–6 Uhr

Risci Café

Im Risci Café kann man abends hervorragend sitzen, Cocktails trinken, Paninis essen und das Nachtleben von Es Pujols genießen – und das in einem Ambiente, das sich, als ob es die Heimstätte des Girlie Styles wäre, komplett der Farbe Pink verschrieben hat.

Risci Café
Carrer Espardell 13
Tel. +34 971/328 330
www.risci.es

Café Tropicana

In lauen Sommernächten ist hier immer etwas los, vor allem auf der Außenterrasse. Es gibt Cocktails, Bier, gute Musik und jede Menge scheinbar ewig jung gebliebene Menschen.

Café Tropicana
Carrer d´Espalmador 71
www.tropicanacafe.it

Club Tipic

In den 1970ern und 1980ern war das Tipic eine berühmte Bar, in der sich die Musikgrößen der Zeit die Türklinke in die Hand gaben. Wo einst Aussteiger, Hippies und Traveller abhingen, feiert heute das fröhliche Partyvolk bei Konzerten und heißen Clubnächten. Die Feierstimmung wird etwas durch die Arroganz des Personals und satte Preise getrübt, doch statusbewusste In-People fühlen dadurch umso mehr, zum exklusiven lokalen Jet-Szene dazu zu gehören. Gefeatured wird das Tipic vom Partylabel Cocoon, dementsprechend legen hier internationale Größen der Techno- und Elektroszene auf, allen voran Sven Väth. Als Reminiszenz an die alten Zeiten gibt es einmal im Monat „Motel Woodstock", wo zu Hippie-Klassikern getanzt wird.

Club Tipic
Avinguda Miramar 164
Tel. +34 676/885 452
info@clubtipic.com
www.clubtipic.com
am Wochenende und
bei Events 23–6 Uhr

Pineta Club Formentera

Der Pineta Club Formentera liegt im Zentrum von Es Pujols und ist ein Ableger des edlen VIP-Clubs Pineta in Mailand. Hier geht es im unterkühlten Nobet-Touch eher schick als lässig zu. Es feiern junge und schöne Menschen mit teuren Drinks.

Pineta Club Formentera
Plaza Europa 2
Carrer Roca Plana 31
Tel. +34 690/192 938, www.
pinetaclubformentera.com

PLATJA DE MITJORN
(Playa de Migjorn)

Die Platja de Mitjorn ist mit sechs Kilometern der bei weitem längste Strand Formenteras – und derjenige der dank Piratabus und Blue Bar am meisten von seiner Hippie-Legende zehrt. Er zieht sich zwischen den Feriensiedlungen Es Mal Pas und Es Arenals entlang der Südküste. Am Strand befinden sich einige Bars, diverse Kioskos sowie traditionelle Fischrestaurants mit regionalen Spezialitäten und einer Aussicht weit hinaus aufs Meer. Hinter dem Strand haben sich Ferienwohnungen und Hotels angesiedelt, allesamt sehr ruhig gelegen. Unterhalb der sandigen, nur spärlich grünen Dünenlandschaft öffnen sich langgezogenen Streifen von weichstem Sand, unterbrochen von mal mehr oder weniger flachem Felsgestein oder schroffen Felszungen. Vereinzelte Bootsgaragen verleihen der Platja de Mitjorn einen nostalgischen Charme, der durch seine Lage etwas abseits der touristischen Spots verstärkt wird.

Sanft schlängelt er sich durch die Dünen: der Holzsteg des Platja de Mitjorn

Von San Fernando aus fährt man noch etwa einen Kilometer in Richtung Es Caló und biegt dann nach rechts ab. Unten am Meer befindet sich das touristische, turbulente Zentrum des Strandes in direkter Umgebung des Hotels Formentera Platja. Aufgrund seiner Weitläufigkeit gibt es weitere teils asphaltierte Zufahrtsstraßen zum Strand, an deren Enden Parkplätze eingerichtet wurden. Entlang der Küste führt ein Holzsteg auf gesamter Strandlänge durch die sanft ansteigenden Dünen. Folgt man diesem in Richtung Osten, wird es immer ruhiger und einsamer. Kurz vor Es Arenals haben Muschelsucher ihr Territorium entdeckt. Direkt an der Playa Es Arenals befinden sich schließlich die Blue Bar und der Piratabus. Wer den Strand in einer idyllischen und verträumten Atmosphäre erleben will, sollte schon am frühen Morgen einen Strandspaziergang machen. Der weiße Sand gehört einem dann fast alleine. Nur einige Fischer sind zu dieser Zeit unterwegs. Sie tragen ihren Fang in die Strandrestaurants und sind oft gern bereit, Touristen gegen einen kleinen Obolus mit aufs Meer zu nehmen.

Das Wasser der Platja de Mitjorn präsentiert sich in einer Rhapsodie von pastellfarbigen Türkis-, Azur- und tiefen Blautönen – kristallklar und in bestechender Sauberkeit. Dennoch werden einzelne Stellen immer wieder von angespülten Algen heimgesucht, die mit vertrocknetem Seegras einen Eindruck vernachlässigter Pflege hinterlassen. Weitaus lästiger jedoch sind Quallen, die gelegentlich das Strandidyll trüben. Bei instabiler Wetterlage kann es zu starken Strömungen im Wasser kommen. Werden diese zu heftig und zur Gefahr für die Besucher, wehen rote Flaggen am Strand. Das Baden ist dann generell verboten. An der für Surf-Anfänger bestens geeigneten Platja de Mitjorn ist mit der „Escuela de Vela", einem Ableger von wet4fun, ein Anbieter für Windsurf-Sport vertreten. Auch Tauchexkursionen und Katamaran-Trips entlang der Küste können gebucht werden.

Das bereits im Juni 1998 in Formentera ins Leben gerufene „Dünenschutzprogramm" – das neben der Platja de Mitjorn u.a. auch für die Playas Illetes, Llevant und die Insel Espalmador gilt – ist Formenteras Reminiszenz an den Naturschutz und aus der Einsicht geboren, dass eine intakte Natur inklusive der Schönheit der Strände das wichtigste touristische Kapital Formentera ist. Deswegen erfolgt nun eine restriktive Lenkung der Wege der Badegäste. Der Zugang zum Strand ist für Fahrzeuge versperrt. Holzstege führen die Dünen entlang und sind der mit Seilen abgesperrte verbindliche Pfad, den Besucher einzuschlagen haben. So soll eine weitere Zerstörung der Dünenvegetation verhindert und deren Regeneration und Neupflanzung unterstützt werden.

Strandbars

Piratabus

Der Piratabus ist eine der legendären Hippie-Locations auf Formentera, gegründet von Pascual, den sie „Pirata" nannten und nennen. Und es ist die Geschichte, die wie so viele mit dem Traum vom süßen Leben begann – damals, als das noch weitgehend unbekannte Formentera als Reiseziel nur ganz rudimentär gehandelt wurde. Und es war der Traum, in einem sonnenverwöhnten, Abenteuer versprechenden Umfeld mit Gastronomie und groovender Musik das tägliche (nächtliche) Brot zu verdienen und einen eigenen Lebensstil zu kreieren. Den Namen erhielt der Kiosko durch den ausgedienten Linienbus, der zur Bar umgebaut wurde. Illustre Gäste der Rock- und Pop-Welt wie Pink Floyd, King Crimson, Wolf Biermann und Chris Rea Stars sollen sich hier ein Stelldichein gegeben und den einzigartigen Kult um die Bar mitbegründet haben. In den 1980er Jahren wurde der Bus aus dem Verkehr gezogen

Auf der Terrasse des Piratabus genießt man den Ausblick auf das Meer

und durch einen Bretterschuppen ersetzt. Heute ist es eine Holzbude mit Piratenflagge, die immer noch etwas sympathisch Provisorisches ausstrahlt. Wo damals Stars, Sternchen und freakige Hippies tranken, rauchten und spielten, genießen heute Backpacker, Strandfreunde, Musiker und angegraute Alt-68er den

Blick aufs Meer. Die Stimmung ist immer relaxed und freundlich. Pascual und sein Team versorgen die Gäste mit kühlen Getränken und guter Musik. So lebt der Piratabus weiter von sentimentalen, nostalgiegeschwängerten Erinnerungen, der Neugierde intellektuell engagierter Touristen, den romantisch-kitschigen Sonnenuntergängen an der Platja de Mitjorn und den inzwischen sehr etablierten Preisen, die seine Gastronomie inzwischen abverlangt. Bei km 11 kurz vor Es Caló rechts zum Mitjorn-Strand abbiegen, Abschnitt des Arenals, nahe der Blue Bar; am einfachsten ist, vom Parkplatz des Hotels La Mola ca. 800 Meter westwärts gehen.

Piratabus
Tel. +34 609/601 426
edith@piratabus.de
www.piratabus.com

Blue Bar

Die Blue Bar ist ebenso wie der Piratabus und die Bar Fonda Pepe ein Relikt der Hippie-Zeit und auf der Insel längst zur Legende geworden. Angeblich war das erste, was Neuankömmlinge auf der Insel in den 1970ern wissen wollten: „Wo geht's zur Blue Bar?" Kein Wunder, schließlich sollen sich hier schon Pink Floyd und Bob Dylan die Ehre gegeben haben. Anfang der 1990er gab es eine große Flaute, doch unter deutscher Leitung wurde die Blue Bar schnell in Swimmingpool ähnlichem, hellblauem Plastik-Design wieder zum Sunset-Treff schlechthin an Formenteras Südküste. Neben einer sensationellen Aussicht – dank des tribünenhaft hervorgehobenen Standorts auf einer mächtigen Düne – erwarten einen superbe Musik (abends legen DJs auf) und eine bunt gemischte Speisekarte, in der auch Vegetarier fündig werden. Die Enttäuschung wird jedoch geringer ausfallen, wenn man von vornherein keine Gourmetküche, „keine Paella!" oder preisliches Schnäppchen erwartet und wenn man kein Verächter von Plastikbechern ist. Am Nachmittag werden die Getränke-Spezialitäten des Tages bekannt gegeben. Ganz easy-peasy hippielike kann man hier mit sämtlichen Kreditkarten bezahlen. Schließlich weiß man nie, wie lange die Nacht dauert.

Blue Bar
Bei km 7,8
Tel. +34 666/758 190
info@bluebarformentera.com
www.bluebarformentera.com

Übernachten

Maysihotel Formentera

Das Hotel Maysi südwestlich von Es Caló ist von überschaubarer Größe, bietet schlichte Einzel-, Doppel-, und Dreibettzimmer mit Standard-Komfort (Buffetrestaurant, Café und Pool) und bemüht sich, u.a. durch preisgünstige Arrangements sich als Familiendestination zu etablieren. Direkter Zugang zum Strand von Es Arenals, dem östlichen Mitjorn-Ende.

Maysihotel Formentera
Calle des Arenals s/n
Tel. +34 971/328 547
info@hotelmaysiformentera.com
hotelmaysiformentera.com

Hotel Riu La Mola

Das zur Riu-Kette gehörende La Mola liegt südwestlich von Es Caló direkt an der Platja de Mitjorn, unterhalb des Leuchtturms. Mit mehr als 300 Zimmern und unzähligen Bungalows ist es eines der größten Hotels auf Formentera. Es gibt zwei Pools, Spa & Wellness, Bars, Restaurants, Sportkurse und den üblichen Riu-Standard. Um das Hotel hat sich mittlerweile eine kleine Infrastruktur gebildet (Kneipen, Boutiquen, Kioske, Auto- bzw. Rollerverleiher). Für Wassersportfreunde gibt's Kurse für Windsurfing (die beste Schule der Insel), Segeln und Tauchen. Mit seinem Animationsprogramm ist das La Mola auch optimal für Familien mit Kindern.

Hotel Riu La Mola
Carrer Maryland s/n
Tel. +34 971/327 000
www.riu.com

Hostal Casbah

Das Hostal Casbah liegt im Westen der Platja de Mitjorn in der Feriensiedlung Es Mal Pas. Die

Apartmentanlage verfügt über Einzel- und Doppelzimmer sowie Familien-Apartments verteilt auf einige hübsch renovierte, verwinkelte Häuser-Reihen. Es gibt eine Snackbar, einen beheizten Pool und einen Fahrzeugverleih.

Hostal Casbah
Camino de Migjorn I 2838
Tel. +34 971/322 595
info@hostalcasbah.com
www.hostalcasbah.com

Bungalows Casa Amarilla

Die sechs Bungalows der Casa Amarilla scharen sich in etwa 400 Meter Entfernung zum Strand um einen hübschen Garten in der Feriensiedlung Es Mal Pas. Sie sind liebevoll eingerichtet und verfügen über zwei Schlafzimmer, einen Wohnraum (mit zwei weiteren Schlafmöglichkeiten), Bad, Küche und Terrasse. Das Personal unter deutscher Leitung ist außerordentlich freundlich und auch Kinder sind hier gerne gesehen. In unmittelbarer Nähe befinden sich einige Restaurants und ein Supermarkt. Geeignet für Gäste, die keinen ausschließlichen Strandurlaub verbringen wollen.

Bungalows Casa Amarilla
Camino de Can
Miquel Marti II 2777
Tel. +34 971/328 614
casa.amarilla.mitjorn@gmail.com
www.casaamarillamitjorn.es

Hotel Ca Marí

Große, kinderfreundliche Anlage mit insgesamt 89 gepflegten und gut ausgestatteten Zimmern im Ferienort Es Ca Marí. Bis zum Strand sind es gerade mal 100 Meter und nach San Fernando fährt man etwa 15 Minuten mit dem Rad. Geboten wird Halbpension mit Frühstück und Abendessen in Buffetform. Viele Stammgäste und freundliches Personal. Zur Anlage gehören die Hostals „Aqua Clara" und „Sol y Mar". Doppelzimmer je nach Saison zwischen 60 und 100 Euro.

Hotel Ca Marí
Carretera a Ca Marí 20
Tel. +34 971/328 180
info@hotelcamari.com
www.hotelcamari.com

Insotel Hotel Formentera Playa
4-Sterne-Hotel direkt am Strand von Es Ca Marí mit mehr als 300 Betten, mehreren Pools, einem Hallenbad, Kinderanimation, Tennis- und Wassersportmöglichkeiten und ohne jegliche Ambitionen, einen Schönheitspreis zu gewinnen. Die Zimmer sind teilweise sehr teuer, besitzen aber auch jeden erdenklichen Komfort. Sie sind alle mit Klimaanlage, TV und Balkon oder Terrasse ausgestattet. Oft wird es günstiger, wenn man über einen Reiseveranstalter bucht. Kein Ort für lärmempfindliche oder ruhesuchende Feriengäste. Der Taucherclub Orcasub bietet hier Tauch- und Schnorchelkurse an.

Insotel Hotel Formentera Playa
Camí de Can Simonet I 3099
Tel. +34 902/112 345
info@insotel.com
www.insotelhotelgroup.com

Hostal Santi
Freundliches und bezahlbares Familien-Hostal im westlichen Teil der Platja de Mitjorn, etwa 200 Meter vom Strand entfernt. Ab und zu finden hier kleine Popkonzerte statt. Individualreisende müssen frühzeitig buchen, da die 36 Zimmer im Programm mehrerer Reiseveranstalter sind. An der Hauptstraße nach La Mola bei Kilometer 11 rechts abbiegen.

Hostal Santi
Tel. +34 971/328 375
info@hostalsantiformentera.com
www.hostalsantiformentera.com

Insotel Club Maryland
Eine weitläufige Ferienanlage mit Miniclub, Kinderanimation, Kinderbecken, Spielplatz und Babysitterdienst. Der Himmel also für Familien mit Kindern und möglicherweise die Hölle für ruhesuchende Paare ohne Anhang. Während die Kinder in guten Händen ihren Spaß haben, können die Erwachsenen in der Zwischenzeit Tennis, Tischtennis oder Boccia spielen oder sich am herrlichen Migjorn-Strand herumtreiben. Neben zwei Restaurants gibt es gleich vier Pools und zwei Bars. Sämtliche Bunga-

lows sind mit Satelliten-TV, Küche und Terrasse ausgestattet. Der Tauchclub Orcasub bietet zudem Tauch- und Schnorchelkurse an. Die isolierte Lage des Maryland.

Insotel Club Maryland
Carrer Maryland s/n
info@insotel.com
www.insotelhotelgroup.com

Essen und Trinken

Sa Platgeta

Lange war dieses Restaurant mit seinem sagenhaften Meerblick „der" lukullische Geheimtipp für authentische Inselküche schlechthin. Sicherlich lag das auch daran, dass es praktisch unauffindbar war. Das heute nicht mehr ganz so preiswerte Essen endet meist mit einem kostenlosen Hierbas – eine nette und leider vielerorts vergessene Geste des Hauses. Das rustikale, ländliche Ambiente mit viel Holz und schilfgedecktem Dach leidet inzwischen arg durch den Einsatz von Plastikmöbeln. Noch immer ist es nicht einfach, hin zu kommen, aber so müsste es gehen: Wenn man vom Ca Marí kommt, geht's etwa 500 Meter direkt über den Strand, vorbei am Sun Splash und der Badehinweisflagge. Rechterhand taucht dann das Restaurant auf.

Sa Platgeta
Playa de Migjorn
Tel. +34 971/187 614
info@saplatgeta.com
www.saplatgeta.com

Las Banderas

Es ist ein eigenwilliges Rumoren und eine virulente Gerüchteküche, die sich um das „Banderas" ranken. „Cerrado" oder „aus und vorbei" raunen wissende oder doch nur missgünstige Stimmen, wenn es um dieses kreativ gelungene und so fantasievoll gestaltete Restaurant geht. Ein Lokal, das samt Lounge mit gemütlichem Sofa einem – zugegeben etwas trivialen – Märchen aus Tausendundeiner Nacht entsprungen sein könnte: bunte Mosaike, arabische Lampen und Tischdecken, alles mit großer Liebe zum Detail! Wo man getrost einen ganzen Nachmittag

Wer auf Formentera diniert genießt nicht nur eine ausgezeichnete Küche, sondern meist auch einen traumhaften Ausblick.

vertrödeln kann, zwischendurch mal ins Meer springen und ein paar Cocktails zu Chill-out-Musik schlürfen. Der größte Zauber allerdings entfaltet sich am Abend, wenn die bunten Lampen angehen – großes Kompliment an den Besitzer! Bei Kilometer 8,7 an der Platja de Mitjorn einsam am Strand gelegen und nur über eine holprige Stichstraße zu erreichen.

Las Banderas
Camí des Ca Marí 4308
Tel. +34 671/964 606
lasbanderasformentera@gmail.com

ES CALÓ DE SANT AGUSTÍ

Es Caló de Sant Agustí (kurz „Es Caló" genannt), den man auf der Fahrt gen Osten kurz vor dem Anstieg zur Hochebene von La Mola erreicht, bietet als einzige Attraktion den malerischen Fischerhafen mit seinen Bootshütten aus Holz. Ansonsten gibt es ein paar wenige Geschäfte, Restaurants und Pensionen. Zur Hauptsaison sind tagsüber viele Touristen unterwegs, viele beginnen von hier ihre Wanderung oder Radtour Richtung Hochebene La Mola. Die wenigen, die in Es Caló übernachten, schätzen die Ruhe und Beschaulichkeit des Ortes und ein lässiges Lebensgefühl ohne jegliche Hektik. Man schläft lange, begibt sich dann zu den kleinen Sandbuchten der Playa de Tramontana und genießt am Abend frischen Fisch auf der Terrasse eines Restaurants.

Der kleine Hafen von Es Caló de Sant Agustí

Strände

Playa Tramontana

Nordwestlich von Es Caló liegt die Playa Tramontana, die auch als Playa „Ses Platgetes" bekannt ist, weil sie eine Aneinanderreihung von mehreren winzigen Stränden ist, die durch zackiges Felsgestein voneinander getrennt sind. Mehr als die sonst allgegenwärtigen Dünen dominiert hier erdiges Gestein und im Hintergrund erheben sich die braungrünen Klippen und Felswände von La Mola. Die Playa Tramontana ist mit ihren kleinen, versteckten Sandbuchten und sichtgeschützten Nischen ein echter Geheimtipp für Schnorchler und Leute, die Ruhe und Abgeschiedenheit suchen. Weil es am ganzen naturbelassenen Strand gerade mal einen kleinen Kiosk gibt, sollte man sich vor dem Besuch des Strandes ordentlich eindecken. Sobald die Dämmerung eintritt, pilgern Einheimische und jüngere Urlauber hierher, um überm Lagerfeuer Fische zu grillen und Musik zu machen. Romantischer geht es nicht. Vor der Küste dümpeln Yachten und Segelboote, meist

Die zerklüfteten Felsen des Playa Tramontana

auf ihrem Trip herüber von Ibiza. Wassersportanbieter direkt an der Playa Tramontana gibt es nicht. Die meisten Badegäste, die hierher kommen, stellen ihr Gefährt am Straßenrand ab und gelangen über einen Holzsteg zum Strand.

Übernachten

Hostal Rafalet

Das Hostal Rafalet liegt traumhaft direkt am Meer. Es verfügt über 15 einfache und gepflegte Doppelzimmer mit Balkon. Außerdem gibt es ein Apartment mit Küche, Bad, zwei Schlafzimmer und Terrasse. Zum Haus gehört ein gutes Restaurant mit frischem Fisch und fantastischem Meerblick. Für Radfahrer, die auf ihrer Inseldurchquerung in Es Caló einen Zwischenstopp einlegen, ist eine Erfrischung auf der Terrasse schon beinahe Pflicht.

Hostal Rafalet
Carrer Sant Agustí 1–11
Tel. +34 971/327 016
reservas@hostal-rafalet.com
www.hostal-rafalet.com

Gaviota

Die Ferienanlage befindet sich etwas außerhalb von Es Caló über den Klippen am Meer. Wer Glück hat und in einem Apartment oder Studio in den oberen Stockwerken unterkommt, kann sich über eine herrliche Aussicht freuen. Der Sandstrand befindet sich etwa 800 Meter vom Haus entfernt, direkt um die Ecke gibt es einen Supermarkt und noch näher eine Bushaltestelle. Und die braucht man auch, denn Es Caló ist eher beschaulich und liegt etwas abseits des Touristen-Rummels. Klar, dass Bett und Kleidung durch die Meeresnähe feucht werden können, aber die tolle Aussicht macht's wieder wett.

Gaviota
Camino de Sa Pujada 4646
Tel. +34 971/327 126,
+34 627/465 046
www.esmalpas.com

Hotel Entre Pinos

Etwas außerhalb von Es Caló befindet sich das Hotel „Zwischen den Pinien" und leider auch direkt an der Durchgangstraße PM-820, gut 20 Gehminuten vom Strand entfernt. Die freundliche und familiäre Atmosphäre macht das wieder wett. Die Zimmer sind einfach, aber geschmackvoll eingerichtet. Zum Strand sind es etwa zehn Minuten zu Fuß, zum Hotel gehört ein Pool mit Außenterrasse. Geboten wird Halbpension mit Frühstück.

Hotel Entre Pinos
Carretera La Mola km 12,3
Tel. +34 971/327 019
info@hotelentrepinos.es
www.hostalentrepinos.com

Apartamentos Es Caló

Dieses freundliche Haus liegt direkt am Meer. Die Apartments sind sauber, minimalistisch, aber komplett eingerichtet und verfügen über ausreichend Platz, Schlafzimmer, Bad, Küche, Wohnzimmer mit Schlafcouch und Terrasse. Entspannte Stimmung, ordentliches Preis-Leistungs-Verhältnis. Im angeschlossenen Restaurant gibt es inseltypische Küche.

Apartamentos Es Caló
Carrer de sa Pujada, s/n
Tel. +34 971/322 030
reserves@hotelcalasaona.com
www.apartamentosescalo.com

Essen und Trinken

Restaurante Pascual

Das Restaurante Pascual ist eine Institution in Sachen Fisch auf Formentera. Und zwar Fisch, der nach traditionellen Rezepten zubereitet wird – schlicht, authentisch und ungekünstelt – und nur in allem Erdenklichen, was die Fischer in den Gewässern vor Formentera zutage bringen, variiert. Ein Essgenuss, der durch keinen blasierten Küchenchef oder gezierten Kellner beeinträchtigt wird, und ein Ort weniger für Romantiker denn für Kenner und einer, der der auf Formentera grassierenden Mode inflationsträchtiger Preise noch nicht anheim gefallen ist. Diverse Beilagen respektive Zutaten sind für mitteleuropäische Gaumen allerdings gewöhnungsbedürftig.

Restaurante Pascual
Carrer Vicari Joan Marí 2
Restaurant:
Tel. +34 971/32 70 14
Apartment-Vermietung:
Tel. +34 971/327 109
www.apartamentospascual.com

Restaurante Es Caló

Das Restaurant Es Caló ist seit geraumer Zeit eines der angesagtesten von ganz Formentera. Dies verdankt es auch seiner herrlich angelegten Terrasse, die den Blick der Gäste weit hinaus aufs Meer schweifen lässt und besonders in lauen Vollmondnächten pure Urlaubsstimmung generiert. Der Service ist tadellos und die Küche weit über dem inselüblichen Standard. Also beste Voraussetzungen um sich Fisch im Salzteig, Paella oder leckeren Lammbraten munden zu lassen und von keiner exaltierten Rechnung zum Schluss aus allen Träumen reißen zu lassen.

Restaurante Es Caló
Carrer Vicari Joan Marí 14
Tel. +34 971/327 311
www.restauranteescalo.com

Ausflugsziele

Wanderung über die Hochebene von Es Caló bis zum Leuchtturm Faro de la Mola

Zu einer Wanderung über die Hochebene von La Mola startet man am besten in Es Caló. Zwei Möglichkeiten stehen zur Auswahl: Entweder man wandert, solange es geht, die Küste entlang und muss später etwas steiler aufsteigen oder man hält sich an die Straße, die in Serpentinen immer höher steigt. Wer den Pfad nimmt, und das sei empfohlen, wird durch wunderbare Blicke auf das Meer, durch Wegstrecken im Wacholderwald mit herrlichem Duft und Rosmarinsträuchern entschädigt. Beim Ferienclub Maryland, der rechter Hand an der Küste liegt, kann man eine Erfrischungspause am Swimmingpool oder im Restaurant einlegen. Die Hochebene bietet eine reizvolle Landschaft. Hinter Steinmauern, welche gegen den Wind schützen, entdeckt man immer wieder Fincas mit idyllischen Gärtchen. Mit etwas Glück kann man manch-

Der Leuchtturm Faro de la Mola vor der untergehenden Sonne

mal auch einen Blick auf eine alte Frau in typischer Inseltracht erhaschen, die im Schatten vor ihrer Haustür die Ruhe der Insel genießt. In El Pilar kann man bis zum Leuchtturm Faro de la Mola wandern und hat dann von der Steilküste aus einen herrlichen Panoramablick. Alte Schmugglerwege führen halsbrecherisch hinunter zum Meer. Oft sieht man am Rande der Klippen junge Leute sitzen, die sich nach der Wanderung mit einem Joint belohnen. Man kann kaum hinsehen, wie sie ihre Beine über dem steilen Abgrund baumeln lassen. Dass noch keiner auf die Idee gekommen ist, das Gelände abzusperren, scheint niemanden besonders zu wundern. Kleine Kinder jedenfalls sind in Leuchtturm-Nähe unbedingt an die Hand zu nehmen.

PILAR DE LA MOLA (EL PILAR)

El Pilar liegt im Osten Formenteras auf der Hochebene La Mola, einem Kalkgestein, dessen höchste Erhebung 192 Meter erreicht. Die kleine Ortschaft besteht aus einer Handvoll Häusern, einigen Geschäften und der Kirche Nostra Senyora del Pilar. Das Gotteshaus, 1784 im schlichten Stil einer ibizenkischen Kirche erbaut, bildet den Mittelpunkt des beschaulichen Ortes. Die Kirchenglocke bimmelte einst an einem Frachter aus Rotterdam und hat mehr von der Welt gesehen als so mancher Einheimische. Etwas Leben kommt in den Ort, wenn sonntags und mittwochs jeweils am Nachmittag der berühmte Hippie-Markt stattfindet. Dann bevölkern Touristen die Straßen, streifen durch die Reihen der bunten Stände, stöbern, schauen und feilschen.

Von den tausend Einwohnern, die auf der Mola leben, ist nicht viel zu sehen. Sie residieren weit verstreut und meist sehr einsam auf dem Land, das hier um einiges fruchtbarer ist als sonst auf Formentera. Auf den durch Steinmäuerchen abgetrennten Feldern wachsen Obstbäume und Weinreben und auch Gemüse und Getreide werden angebaut. Mittendrin die Schafe und Ziegen, die sich die wilden Kräuter schmecken lassen. Wer Schafskäse liebt, sollte sich den berühmten Formenterer Käse nicht entgehen lassen, den man auch in El Pilar kaufen kann. Außerdem gibt es hier die nicht weniger berühmten, handgestrickten Pullover und Schals zu kaufen.

Ein beliebtes Fotomotiv ist das Haus des im Jahre 1999 verstorbenen Keramikkünstlers Gabrielet. Dieser Mann war eine echte Kultfigur, wie sie nur auf Formentera und in anderen liebenswerten Landstrichen der Welt möglich ist. Grauer Rauschebart, dichte Locken, eine altmodische Brille – so werkelte der Künstler viele Jahre mit Ton, Stein und Farben. Das Licht auf der Hochebene hatte es Ihm angetan, ebenso wie die einmalige Ruhe. Immer mal wieder blieb früher jemand bei ihm hängen, um später mit den gereiften Erfahrungen des töpfernden Denkers von La Mola wieder von dannen zu ziehen. Selten sah man Gabrielet an anderen Orten der Insel. Er war am liebsten in seiner Werkstatt, bei seinen unzähligen Katzen.

Auf Formentera´s Hippiemärkten gibt es einiges zu sehen

Aktivitäten

Der Hippiemarkt von El Pilar

El Pilar ist berühmt für seinen Kunsthandwerkermarkt, der jeden Sonntag und Mittwoch ab 16 Uhr stattfindet. Die Touristen nennen den Markt „Hippiemarkt", die Aussteller legen jedoch großen Wert auf die richtige Bezeichnung, denn verkauft werden soll nicht billiger Plunder, sondern Produkte von Künstlern und aus kleinen Manufakturen. Wer auf der Suche nach einem Souvenir ist, wird hier vielleicht unter Tüchern, Mützen, Schmuckstücken, Aquarellen, Holzschnitzereien und anderen schönen Kleinigkeiten fündig. Das Gedrängel und Getümmel zur Hochsaison kann nerven, aber ein Besuch lohnt sich immer, auch wenn man nichts kaufen möchte. Musiker und Straßenkünstler zeigen ihr Können, es gibt einige Essensbuden und gerade gegen Abend wird die Atmosphäre meist entspannter und stimmungsvoll.

Ausflug zum Faro de la Mola

Zwei Kilometer östlich von El Pilar steht der weiße Leuchtturm, hinter ihm fallen die Klippen etwa 140 Meter bis zum Meer ab. An besonders schönen Tagen soll man von hier aus bis nach Afrika schauen können.

Neben dem Leuchtturm ist eine Gedenktafel für Jules Verne angebracht. Ob der französische

Schriftsteller tatsächlich auf der Insel weilte, lässt sich nicht eindeutig belegen. In seinem Roman „Hektor Servadacs Reise durch die Sonnenwelt" wird durch Einwirkung eines Kometen ein Teil der Erde ins All geschleudert. Während die Menschen auf dem neuen Planeten um ihr Überleben kämpfen, sitzt auf dem Plateau von La Mola ein Astrologe, der Berechnungen über die Flugbahn des neuen Planeten anstellt. Das Plateau ist derart gut beschrieben, dass davon auszugehen ist, dass Jules Vernes vor Ort war.

Der Leuchtturm ist noch heute in Betrieb und auch von Leuchtturmwärtern besetzt. Wer den Abstieg runter zum Meer versuchen will, sollte gute Schuhe anhaben und unbedingt schwindelfrei sein. Der Pfad in südlicher Richtung führt zur Höhle „Cova de Séglesia" mit bizarren Steinformationen. Eine kleine Cala (Codolar) kann von Fischerbooten angelaufen werden. Die Bar direkt am Leuchtturm erfrischt hungrige Wanderer oder Radfahrer. Außerdem schmeckt nach einer langen Tour nichts besser als frischer Ziegenkäse mit Oliven.

Die roten Felsen der Hochebene La Mola

Unterkunft

Casa Rural Can Blaiet
„Casas Rurales" sind ein Zusammenschluss von Ferienhäusern und Fincas, die den Gästen das „authentische" Formentera abseits des touristischen Strandlebens näher bringen wollen. Sie sind deswegen meist nicht da, wo der Bär tanzt, sondern in ländlicher Abgeschiedenheit angesiedelt. Eine gelungene Version in landestypischer, doch moderner Bauweise ist das Can Blaiet bei El Pilar. In dem Ferienhaus finden bis zu acht Personen Platz, integriert sind Terrasse und Außenpool. Selbstversorger finden eine komplett ausgestattete Küche vor.

Casa Rural Can Blaiet
Venda des Monestir s/n,
Carretera La Mola km 16
(ostwärts fahrend, von der
Hauptstraße bei km 16 nach
links abbiegen)
Mobil +34 626/154 936
albariera@hotmail.es
www.casaruralcanblaiet.
wordpress.com

Es Ram eco resort
An der Südküste von La Mola verströmt das Es Ram einen Hauch von Bali und Luxus mitten auf Formentera und es mag die Vorstellung eines begüterten und esoterischen Italieners verkörpern, wie dieser sich Flitterwochen auf Formentera vorstellt.

Es Ram eco resort
Camino de Es Ram s/n
(Abzweigung von der Carretera
de la Mola bei km 13,4)
Tel. +34 971/948 427
info@esramresort.com
www.esramresort.com

Essen und Trinken

Restaurant La Isla Pequeña
Das gastronomische Angebot in El Pilar ist überschaubar. Guten Gewissens empfehlen lässt sich das Restaurant Pequeña Isla: Draußen eine überdachte Terrasse mit wunderschönen Palmen, innen viel Platz und Ruhe. Unbedingt probieren sollte man „Frito de cordero" (Insel-Lamm mit Kartoffeln, Knoblauch und Paprika), „Pato a la naranja"

(„Ente trifft Orangen"), die Spezialität des Hauses, „Gallo de San Pedro", ist nur für Hungrige mit genau so großem Portemonnaie. Gleich nach der Ortseinfahrt auf der rechten Seite.

Restaurant La Isla Pequeña
Avinguda El Pilar 101
Tel. +34 971/327 068, www.laislapequenarestaurant.com

Restaurant El Mirador
Wie auch die Konkurrenz liegt das El Mirador an der Hauptstraße Richtung Leuchtturm. Hier geht es zur Hochsaison eher laut und stressig zu. Dennoch sollte man für einen Fotostopp oder eine Kaffeepause halten und versuchen, auf der Außenterrasse des Restaurants einen Platz zu ergattern. Es lohnt sich, denn von hier aus überblickt man fast die gesamte Insel. Traumhaft schön!

Restaurant El Mirador
Plaça del Pilar 10
Tel. +34 971/327 037

RADFAHREN & -ROUTEN

Die flache Landschaft, geringe Verkehrsdichte und kurze Entfernungen machen Formentera zum Paradies für Radfahrer und Wanderer. Fahrräder kann man vor Ort an jeder Ecke mieten, auch Kindersitze und Helme sind auf der ganzen Insel zu haben. Zwar verführt die Sommerhitze dazu, mit dem Moped über die Insel zu knattern, so dass Lärm und Gestank mancherorts Zustände wie an der italienischen Riviera hervorrufen. Wer hingegen mit einem Drahtesel auf Erkundungs-Tour geht, wird die Insel von ihrer schönsten Seite kennen lernen. Die Distanzen zwischen den wichtigsten Stopps sind kurz, so dass selbst Kindern und älteren Menschen die Touren keine Schwierigkeiten bereitet. Einzig der Anstieg zur Hochebene von La Mola verlangt den Radlern kurz einige Mühen ab. Und immer wieder wird man mit herrlichen Ausblicken und dem Duft von Blumen und wilden Kräutern belohnt.

„rutas verdes“: Ob zu Fuß oder mit dem Rad unterwegs, sollte man entweder die etablierte, etwas antiquierte Formentera-Karte von „Ediciones Artes Gráficas“, in der auch die meisten Feldwege eingezeichnet sind, oder die Karten-Broschüre des Ayuntamiento de Formentera mit 19 ausgewiesenen „Rutas verdes“ mit sich führen. Diese Karte ist ein Beitrag des Fremdenverkehrsbüros Formenteras für einen aktiven und umweltfreundlichen Tourismus, um Gästen eine behutsame Annäherung an die Insel zu ermöglichen. Man bekommt sie bei den Touristeninformationen der Insel. Straßen und Wege der 19 Routen sind detailliert beschrieben, gut ausgeschildert und verlaufen weitgehend abseits der Hauptverkehrsstraßen. Man durchquert die interessantesten Regionen, passiert Weinanbaugebiete, unter Naturschutz stehende Dünen- und Pinienlandschaften, stößt auf malerische Buchten und versteckten Strände und gelangt zu den wichtigsten Orten der Insel.

Rad-Tour 1:

zu den Salzseen (Halbtages-Tour)
Los geht's in der Inselhauptstadt Sant Francesc. Nach etwa einem Kilometer in Richtung La Mola biegt man von der Hauptstraße nach links ab und folgt dem Feldweg, der sich am Ufer des Sees Estany Pudent teilt. Einfach die linke Spur nehmen! An dieser Stelle soll das Haus der beiden Schwestern gestanden haben, die in der Legende um den See die Hauptrolle spielten. Kurz vor La Savina stößt der holprige Weg auf eine Asphaltstraße, die um den See nach Es Pujols führt. Vorher biegt man jedoch am Nordufer des Sees in einen Sandweg ab, der zu den Salinen führt. Man sieht die schimmernden Salzbecken schon von weitem. Besonders schön ist die Stimmung kurz vor Sonnenuntergang, wenn sich die Abendsonne in den Salinen spiegelt und die Luft eine ganz besondere Farbtönung erhält. Mit Glück begegnet auf der Fahrt Schnepfenvögeln, Fischadlern und Reihern. Ganz in der Nähe be-

Sämtliche Farben werden von der untergehenden Sonne in den Salinen wiedergespiegelt

findet sich die alte, restaurierte Salzmühle, die heute das schicke Restaurant Es Molí de Sal beherbergt. Wer möchte, kann hier eine kleine Pause einlegen und den grandiosen Blick aufs Meer und die blaue Hügelkette Ibizas genießen.
An der Salzmühle stellt man das Fahrrad am besten ab und geht zu Fuß weiter. Auf beiden Seiten der Landspitze gibt es herrliche Sandstrände und klares Wasser für eine Badepause. Am besten begibt man sich an die Platja des Ses Illetes, wo man nach einem kleinen Marsch über die felsige Landzunge an den nördlichsten Punkt der Insel kommt, von dem der Blick auf die einen guten Steinwurf entfernte Insel S'Espalmador hinüberschweift. Weiter geht's entlang der Uferstraße bis zu einer Halbinsel am östlichen Ende des Sees. Hier befindet sich das Megalithgrab Ca Na Costa.

Man sollte sich Zeit nehmen, das alte Grab genauer in Augenschein zu nehmen. Es zählt zu den bedeutendsten Stätten vorgeschichtlicher Stätten der Balearen. Die gebückten Menschen, die man manchmal auf der Tour erblickt, suchen nach wildem Spargel, der aus den dornigen Büschen sprießt.
Kurz vor dem Ortseingang von Es Pujols biegt man rechts in einen Feldweg ein, der zwischen See und Ackerland und Weingärten bis zu dem Punkt führt, wo man die Hauptstraße verlassen hat. Weiter geht es auf der Hauptstraße an Sant Francesc vorbei, bis auf der linken Seite ein Schild nach Porto Saler weist. Auf der breiten Straße bleibt man nur ein kurzes Stückchen, dann biegt man nach rechts ab, wo das Naturschutzgebiet Estany des Peix beginnt. Der Name der Lagune, die durch die Einfahrt „Sa Boca" mit dem Meer verbunden ist, bedeutet Fischteich. Die Bezeichnung Porto Saler kommt aus dem Lateinischen Portus Salarius. Die Römer – vielleicht schon die Karthager – verluden hier das Salz aus den Salinen.
Nach etwa einem Kilometer kommt man zum Wanderweg Camí de Sa Pedrera, der durch Buschgebiet zur Landspitze Punta de Sa Pedrera führt. Zeit für eine kleine Erfrischung! Wie gut, dass am Ende der Bucht der Strandkiosk Anselmo auftaucht. Das Fahrrad lässt man am besten erneut stehen, um das Gebiet der Punta de Sa Pedrera zu Fuß zu durchstreifen. Der Name bedeutet „Steinbruch". Neben Salz und Holz waren es Bruchsteine, die früher zu Formenteras Exportgütern gehörten. Man kann die Stellen erkennen, aus denen die Männer früher die Steine schnitten. Die von dort sichtbare zweistöckige Finca war früher ein Unterschlupf von Freaks und Künstlern und ist heute Mittelpunkt eines Freizeitgeländes. Weiter geht es Richtung Torre de la Gavina, dem westlichsten Punkt der Insel mit einem herrlichen Panoramablick. Von hier aus geht's zurück nach Sant Francesc, wo man sich am Kirchplatz nach der über 30 Kilometer langen Strecke erholen kann.

Rad-Tour 2

(ca. 2,5 Stunden)

Von Sant Francesc fährt man auf der Asphaltstraße bis zur Abzweigung Cala Saona. Man biegt dort rechts ab, nach einem weiteren Kilometer nach links in den Camí des Cap. Am Puig Guillem, der zweithöchsten Erhebung der Insel (113 m) macht der Weg einen Bogen und bringt einen wieder zurück auf die Hauptstraße. Weiter geht es durch die immer steiniger werdende Landschaft, vorbei an mit Natursteinen umzäunten Feldern und wilden Rosmarinbüschen. Langsam nähert man sich dem Leuchtturm, der über dem strahlend blauen Meer thront. Was für ein Ausblick – der alle Mühen entschädigt! Weiter rechts befindet sich die Cova Foradada, mit einem Loch in der Felsspalte als Einstieg und einer Art Balkon zum Meer hin. Am schönsten ist es hier in der Nebensaison, wenn man – mit viel Glück – ganz allein an den Klippen sitzt und die Atmosphäre genießt.

Formentera´s felsige Westküste

WANDERN & -ROUTEN

Nur um faul am Strand herumzuliegen oder komplette Nachmittage in den Strandbars zu vertrödeln, ist Formentera eigentlich zu schade. Insbesondere die Hochebene von La Mola im Osten, die an ihrem höchsten Punkt fast 200 Meter erreicht, eignet sich wunderbar zum Wandern. Die Broschüre „Circuitos Verdes" – „Grüne Rundwege" – vom Fremden Formenteras bietet 19 Routen, die allerdings nicht sehr lang sind. Doch man kann improvisieren und mehrere Touren miteinander verbinden. Ansonsten ist fürs Wandern Muse und Entdeckerfreude angesagt. Hoffnungslos verlaufen kann man sich ja nicht, dazu sind die Entfernungen viel zu gering!

Wer möchte kann sich vor der Wanderung Es Caló´s kleinen Hafen anschauen

Wandertour 1

(Halbtagestour)
Ausgangspunkt der Wanderung ist Es Caló. Beim dortigen Hostal Entrepinos biegt man von der Hauptstraße nach links ab, wo der berühmte Camí Roma beginnt, der schönste Fußweg der Insel. Ob es sich wirklich um einen ehemaligen Handelsweg der Römer handelt, ist zu bezweifeln. „Römisch" bedeutet in diesem Falle wahrscheinlich einfach nur „alt" und das ist der Weg mit Sicherheit und auf keinen Fall Espandrillo- oder Flip-Flop-geeignet. Einer Legende zufolge verband der streckenweise gepflasterte Weg schon im 5. oder 6. Jh. den kleinen Hafen von Es Caló mit dem sagenumwobenen, historisch jedoch nie belegten Kloster an der Mola. Wie auch immer, die Aussicht ist unübertrefflich!

Nach ca. 1 ½ Kilometern endet der Römerweg an der Asphaltstraße auf der Hochebene. Unter Schatten spendenden Pinien geht es etwa 100 Meter weiter. Dann rechts in einen Feldweg abbiegen, der durch ein Gebiet mit alten Fincas zum höchsten Punkt der Insel führt. Der Aussichtspunkt Talaiassa liegt 192 Meter über dem Meer und ist einer der schönsten Formenteras. Richtung Süden geht es weiter, zunächst an mit Steinen umrahmten Feldern vorbei, später durch Wald- und Buschgebiet. Zwei Kilometer später geht es abwärts zur Küste bei Estufador.

Auf dem Rückweg orientiert man sich am besten an einer alten Getreidemühle und erreicht bald wieder die Hauptstraße. Dann geradeaus bis zum Leuchtturm, der etwa 100 Meter über dem Meer an der Steilküste thront. Daneben die Gedenktafel für Jules Verne, schließlich soll Formentera eines der Szenarien seines Romans „Reise durch das Sonnensystem" gewesen sein. Der Ausblick ist atemberaubend – man möchte sich gar nicht vorstellen, wie viele Tote das einstige Männer-Ritual hier gefordert haben mag. Über einen Treppenabgang kann man bis zum Meer heruntersteigen.

Spaziergänge am Abend sind auf Formentera besonders schön

Wandertour 2

(maximal zwei Stunden, also eher ein Spaziergang!)
Diese Tour beginnt in Sant Francesc am Parkplatz hinter der Kirche. Vom Hauptplatz kommend, hält man sich links und geht auf der westwärts führenden Asphaltstraße erst links am kleinen Friedhof, dann rechts an der Sporthalle vorbei. Wenn der Weg schmaler wird und leicht ansteigt, ist man richtig. Links steht eine Mühle, ein Stück weiter eine zweite. Kurz darauf verlässt man die Asphaltstraße in einer Rechtskurve, indem man geradeaus der Schotterpiste folgt. Nach etwa zehn Minuten kommt man an eine Kreuzung, an der man gerade aus weiter geht. Bald kommt man an einem Trafohäuschen vorbei und nach etwa 200 Metern hält man sich an der Weggabelung links (bei dem Haus mit Terrassenvorbau). Jetzt noch etwa 500 Meter geradeaus und die nächste Abzweigung unbeachtet lassen. Solange weiter, bis der Weg vor einer Trockenmauer endet, hinter dem eine große Kiefer zu sehen ist. Jetzt geht's nach rechts weiter, an der Trockenmauer entlang und dann leicht ansteigend durch lichten Wald aus Kiefern. Immer auf diesem Weg bleiben und die kleineren Abzweigungen ignorieren! Nach etwa 20 Minuten kommt man auf eine Piste, an der man links abbiegt und dann recht bald die kleine Bucht erreicht.

KATALANISCH

Wer zum ersten Mal auf den Balearischen Inseln ist, wird angesichts der Vielzahl an Ortsbezeichnungen verwirrt sein. Warum sagen die einen San Antonio und die anderen Sant Antoni? Meint beides denselben Ort? Die Antwort ist: Beides ist korrekt, denn auf den Balearen gelten zwei Amtssprachen: Katalanisch („catalò") und Spanisch (genauer: Kastilisch, „castellano").

Katalanisch ist nicht etwa ein spanischer Dialekt, sondern eine völlig eigene Sprache, entstanden aus den romanischen Sprachen, die auf das Lateinische zurückgehen. Wer Französisch, Italienisch oder Latein beherrscht, dem werden viele Ausdrücke bekannt vorkommen. Auch die Ähnlichkeit zum Spanischen ist natürlich gegeben – ob „platja" oder „playa", das nimmt sich nicht viel.

Immer wieder im Lauf der Geschichte (unter anderem zur Zeit des Franco Regimes) wurde die katalanische Sprache unterdrückt und verboten. Nach dem Tod Francos und nachdem sich die Balearen als autonomes Gebiet bezeichnen dürfen, erlebte das Katalanische eine Renaissance. Die Zweisprachigkeit wurde per Gesetz verankert. Seit 1990 ist Català vom Europaparlament als europäische Sprache anerkannt.

Die „sprachliche Normalisierung" wird von der Balearenregierung gefördert. Auf Straßenschildern und behördlichen Papieren sind die katalanischen Bezeichnungen im Gebrauch. Anders sieht es auf Webseiten von Hotels und Restaurants aus: Mal ist die Adresse so, mal so geschrieben. Bis jetzt hat sich aber noch jeder Urlauber zurecht gefunden.

Wer am Strand etwas kaufen möchte, muss nicht unbedingt Spansich können

KÜCHE

Die einst isolierte Lage der Pityusen hatte zur Folge, dass die Inselküche über Jahrhunderte hinweg vorwiegend aus der eigenen Landwirtschaft und dem Fischfang im Mittelmeer bestand. Zusammen mit dem Meeresfang und Olivenöl bildete Getreide, insbesondere Weizen, die Grundnahrung der Einheimischen.

Folgende Speisen sollte man sich auf keinen Fall entgehen lassen: die auch auf dem Festland sehr beliebte Paella und die Zarzuela, ein Fischeintopf mit frischen Zwiebeln und Tomaten. Ebenfalls zu empfehlen ist der „Fisch in grüner Sauce". Es handelt sich dabei um den „Fang des Tages", der zusammen mit Kartoffeln im Fischsud gekocht und dann mit einer Knoblauch-Petersilien-Soße überzogen wird. Wer einen Mero (Zackenbarsch) oder den berühmten Gallo (St. Petersfisch) bekommen kann, sollte unbedingt zugreifen. Noch seltener ist Raó, der in Deutschland kaum bekannt ist. Auf Formentera gibt es ihn noch, allerdings nur zwischen Juni und Oktober. Die Einheimischen lassen für ihn sogar die beliebten Langusten links liegen.

Noch heute ist der Fisch auf den Pityusen wegen seines besonderen Geschmacks und seiner hervorragenden Qualität auf jedem Fischmarkt Spaniens anerkannt und beliebt. Nur sind die Gewässer bei weitem nicht mehr so reich an Fischen wie früher und die Fischer der Insel müssen weit hinausfahren, um noch einen ordentlichen Fang zu machen. Immerhin reicht´s noch üppig für den inseltypischen „Arròs amb peix", den auch „Arròs de pescador" genannten, volkstümlichen Fischreis. Ist der Reis mit Fleisch durchmischt, nennt man es „Aarròs amb carn".

Neben Fisch gilt auch Schweinefleisch von jeher als eines der wichtigsten Nahrungsmittel. Aufgrund der hohen Luftfeuchtigkeit und des Mangels an Kühlgeräten wurde das Fleisch hauptsächlich eingesalzt oder zu Wurst verarbeitet. Erwähnenswert ist die reichlich mit süßer Paprika an-

Für diejenigen, die lieber selber kochen möchten, bieten die Fischtheken der Super- und Wochenmärkte eine Vielzahl an Angeboten

gereicherte „Sobrasada“ (Paprikawurst). Am besten lässt man der Wurst einen starken Schnaps folgen. Das gleiche gilt für die inseltypische Blutwurst, die „Butifarra“.

In den Restaurants ist Schweinefleisch etwas aus der Mode gekommen. Stattdessen gibt es die ebenfalls auf den Pityusen vorhandenen Kaninchen (conejo) und den „Sofrit pagès“, ein legendärer Bauerneintopf aus Hühner-, Hammel- und/oder Lammfleisch (je nachdem, was gerade im Angebot ist) mit frischem Gemüse und Kartoffeln. Ein äußerst nahrhaftes und dank seiner typischen Gewürzmischung wohlschmeckendes Gericht, das sich besonders an kalten Wintertagen bei den Einheimischen und Residenten größter Beliebtheit erfreut. Auf den Speisekarten findet man diese deftige Delikatesse eher selten, dann schon eher

Dieser Koch in Es Ca Marí versteht sein Handwerk

als Überraschung an einem der Strand-Kioske.

Für mitteleuropäische Gaumen äußerst gewöhnungsbedürftig ist „alioli". Dies ist eine dickflüssige, sehr fetthaltige Soße auf der Basis von Knoblauch, Olivenöl und Eigelb. Sie wird als Vorspeise mit Brot oder Oliven sowie als Beigabe zu Fleisch, Fisch, Langusten oder Gemüse serviert. All denjenigen, die alioli nicht mögen, mag es auf Formentera oder Ibiza so vorkommen, dass alioli auf fast jedem Teller lauert. Je nach Hausrezept werden der Paste Kräuter, Mandeln, Petersilie und Zwiebeln sowie Gewürze wie Oregano oder Majoran hinzugefügt.

Folgende Nachspeisen verdienen eine besondere Erwähnung: der Flaó, ein Käsekuchen, der gerne mit Minze, Anis und heimischen Kräutern angereichert und weiß bestäubt oder karamellisiert serviert wird. Die süße Köstlichkeit ist leider nur selten auf den Speisekarten zu finden, doch wer danach fragt, hat manchmal Glück und bekommt trotzdem einen (die Wirtin: „Dann kriegen halt die Kinder nichts, wenn sie aus der Schule kommen."). „Ensaimadas", die berühmten spanischen Hefeschnecken, gibt´s hingegen immer.

Und nicht zu vergessen die „Salsa de Nadal" (Weihnachtssauce), eine Art dickflüssiger Punsch aus Hühner- und Schweinefleischbrühe, Eiern, Nüssen und zermahlenen Mandeln. Diese Sauce – gewürzt mit Zimt und Safran – gibt es während der Weihnachtszeit und ist eine deftig-herbe Angelegenheit.

Nach dem Essen gibt's einen Café solo, schön schwarz und stark, und dazu einen Hierbas ibicencas, den berühmten Kräuterlikör der Inseln.

FOLKLORE

Ein besonderes Flair haben die Heiligenfeste, die auf Ibiza und Formentera gefeiert werden. Es wird getanzt und musiziert; auf den Tisch kommen Spezialitäten aus Küche und Keller. Vor allem in den Orten des Inselinnern wird dabei auch altes Brauchtum gepflegt (beispielsweise in San Miguel und San José). Musik und Tänze haben ihren ursprünglichen Charakter bewahrt. Auch an den Trachten, die bei diesen Gelegenheiten gerne getragen werden, ist ein arabischer Einfluss zu erkennen.

Die Einzigartigkeit der Gesänge und der sie begleitenden Instrumente reicht zurück in die fernste Vergangenheit der Pityusen. Die Trommel „tambor" gibt den Rhythmus an und die Melodie führt die „flauta", eine Flöte aus Holz. Dazu das Klackern der Kastagnetten, die aus dem Holz der Wacholderwurzel geschnitzt werden. Gelegentlich wird das Ensemble durch einen rhythmisch angeschlagenen Metallstab „espasí" und den einer Maultrommel ähnelnden „bimbau" ergänzt.

Einer der traditionellsten Tänze heißt „sa curta", „die Kurze". Während sich die Frau gesenkten Blickes im Kreis dreht, umtanzt sie der Mann mit immer höher werdenden Sprüngen. Die Frauen tragen dabei die „sa gonella", eine schwarze, bis zum Boden reichende Tracht mit einer bestickten Schürze und einem Schulter- und Kopftuch. Prächtig ausstaffiert mit etlichen Goldringen, Broschen und mit Edelsteinen und großen Kreuzen besetzten Goldketten wirken die Damen weitaus pompöser und festlicher als die relativ einfach ausstaffierten Männer. Diese tragen meist ein weißes Hemd zu weißen Hosen, eine rote Schärpe und die passend rote Mütze. Nicht zu vergessen die großen, silbernen Knöpfe als Westenschmuck.

FESTE & FEIERTAGE

Wie auf dem spanischen Festland gibt es auf Formentera und Ibiza unzählige Feste und Feiertage. Zu den kirchlichen Feiertagen kommen lokale Feiertage hinzu, denn jedes Dorf hat einen Schutzheiligen, dem gedacht werden muss.

Überregionale Feiertage, an denen (fast) alle Geschäfte geschlossen bleiben und Busse seltener verkehren:

1. Januar:	Neujahr
6. Januar:	Dreikönigstag
1. März:	Tag der Balearen (der „Nationalfeiertag" der Balearen)
Karfreitag	
1. Mai:	Tag der Arbeit
5. August:	Santa Maria
15. August:	Mariä Himmelfahrt
12. Oktober:	Hispanidad (spanischer Nationalfeiertag)
1. November:	Allerheiligen
8. Dezember:	Mariä Empfängnis
25./26. Dez.:	Weihnachten

30. Mai:
San Fernando: Im gleichnamigen Ort mit Folkloredarbietungen und Prozession
24. Juni – San Juan:
Dieses im gesamten Mittelmeerraum verwurzelte Fest wird in La Mola gefeiert, wobei das Feuer in dieser kürzesten Nacht des Jahres eine große Rolle spielt.
16. Juli – Virgen del Carmen:
Die Jungfrau von Carmen ist Schutzpatronin der Seeleute. Ihr Tag wird vor allem am Hafen von La Savina mit großem Tamtam, Bootsprozessionen und nautischen Wettkämpfen gefeiert.
25. Juli – San Jaime:
Schutzpatron Formenteras. Das bedeutendste Fest des ganzen Jahres wird mit viel Gesang, Musik und Spielen begangen.
12. Oktober – Nuestra Senyora del Pilar:
Fest zu Ehren der Schutzheiligen von El Pilar. Während neben der Kirche die große Bühne aufgebaut wird, lassen sich am Nachmittag die Einheimischen fein herausgeputzt in den Cafés blicken. Am gleichen Tag beginnt die Schlachtzeit. Dann müssen die Schweine dran glauben und enden als bitifarro oder sobrasada.
3. Dezember – San Francisco Javier:
Patronatsfest in der Insel-„Hauptstadt"

Ibiza

IBIZA – WILLKOMMEN IM PARTY-HIMMEL

Ibiza ist das mediterrane Epizentrum nächtlicher Partywogen und seit jeher der unverwüstliche Nightlife-Spot für europäische Touristen, insbesondere für Deutsche, Spanier und Briten. Daran haben auch die strengeren Sperrstunden nichts geändert – im Gegenteil. Seitdem Clubs gezwungen sind, um 6 Uhr morgens zu schließen, hat sich ein Teil des Partygeschehens von den frühen Morgenstunden auf den Nachmittag verlagert. Um 12 Uhr kann man auf den ersten Party-Booten einchecken, DJs und Freigetränke inklusive. In Party-Hotels wie dem Ushuaïa beginnt das Warm-Up am späten Nachmittag, getanzt und getrunken wird bis Mitternacht. Danach geht es weiter in eine der Megadiskos oder zu geheimen After-Partys irgendwo am Strand.

Auch wenn man dem Vergnügungsspektakel eher skeptisch gegenüber steht, sollte man zumindest einmal das volle Programm mitnehmen. Denn so wild, freizügig und natürlich auch teuer wird man nirgendwo sonst feiern können. Klar, das berühmte Pacha hat auch einen Ableger in München, aber das ist nichts im Vergleich zum Original in Eivissa, wo die stilvolle Dekadenz zuhause ist. Echte Clubber scheuen keine Mühen, um zu den Opening-Partys im Mai und zu den Closing-Partys im Oktober einzufliegen, wenn auf der Insel der größte Trubel noch nicht begonnen hat bzw. gerade erst verebbt.

Die ersten, die Ibiza als Paradies für Freiheit, Fun und freie Liebe sich entdeckten, waren die Hippies in den 1960er Jahren. Nacktbaden am Strand, Campieren in Höhlen, Drogen am Lagerfeuer, das sprach sich schnell herum, genauso wie die Schönheit der Natur und das milde Klima. Wer sich nicht dem Hippie-Trail nach Thailand oder Indien anschloss, landete unweigerlich auf Ibiza oder Formentera. Die Einheimischen begegneten den Peludos, den „Langhaarigen", wie sie sie

Ibiza ist nicht nur für wilde Partys bekannt, sondern auch für idyllische Natur

nannten, mit Toleranz und Duldung.

Erst später begann der Trip der Reichen und Schönen und solcher, die es gerne wären, nach Ibiza. Kein bunter Vogel, der etwas auf sich hielt, konnte es sich leisten, nicht nach „Ib" zu fahren. Die echten Künstler und Aussteiger verkrochen sich in die hintersten Winkel der Insel und tauchten nur ab und an noch auf, um sich als Relikt vergangener Tagen hochleben zu lassen.

Die Regie haben die Hotelbesitzer und Partyveranstalter übernommen, in der Überzahl Ausländer. Das Geschäft lohnt sich: Über 2 Millionen Besucher strömen jedes Jahr auf die Pityusen (übersetzt: „Pinieninseln", unter diesem Begriff werden Ibiza, Formentera und die umliegenden, unbewohnten Inselchen zusammengefasst). Dass es ausgerechnet die konsumkritischen Hippies waren, die dem Massentourismus die Bahn ebneten, ist die Ironie der Geschichte.

Wer auf Ibiza nach etwas mehr „Ursprünglichkeit" sucht, wird im Landesinneren der Insel fündig. Hier gibt es noch beschauliche Siedlungen mit kleinen, weißen

Quaderhäusern, deren Einwohner unbekümmert den dörflichen Traditionen nachgehen. Rundherum gibt es Felder mit Mandel-, Feigen- und Johannisbrotbäumen, üppige Kiefern- und Pinienwälder, aber auch steiniges Gelände mit Ginster, Lavendel, und Zistrosen. Etliche Routen sind mittlerweile für Wanderer und Mountainbiker offiziell ausgewiesen, wenngleich die Beschilderung eher bescheiden ist.

Dass die ruhige Abgeschiedenheit durchaus attraktiv sein kann, zeigen die zahlreichen Landhotels, die unter dem Namen „Agroturismo" aufgepoppt sind. Die Anbieter versprechen einen sanften, ökologisch nachhaltigen Tourismus. Mit Ferien auf dem Land oder gar Urlaub auf dem Bauernhof hat das aber meistens nichts zu tun. Oft handelt es sich um leerstehende Fincas, die zu luxuriösen Wellnessoasen umgestaltet wurden, inklusive Yoga- und Meditationsangebot.

Genau das ist Ibiza. Ein wenig verrückt, ein wenig überdreht – und gerade deshalb wahnsinnig sympathisch.

ÜBERBLICK ÜBER DIE INSEL

Ibiza ist mit ihren rund 570 km^2 die drittgrößte Insel der Balearen. Sie liegt südwestlich von Mallorca, die Distanz beträgt rund 45 Seemeilen. Die Insel ist etwa 40 Kilometer lang und 25 Kilometer breit, und damit noch recht übersichtlich. Wer direkt an der Küste entlangwandern würde, müsste sich auf ungefähr 200 Kilometer einstellen, wenn er die Insel umrunden wollte.

Eivissa, die Hauptstadt Ibizas, liegt an der Südostküste der Insel und ist mit 50.000 Einwohnern eigentlich ein kleines Städtchen. In den Sommermonaten platzen Straßen, Geschäfte, Cafés und Restaurants aus allen Nähten, denn dann verwandelt sich die Stadt zur Partymetropole schlechthin. Mit dem Flughafen in unmittelbarer Nähe und dem großen Fährhafen ist sie wichtigster Verkehrsknoten- und Startpunkt für viele Ibiza-Urlauber. Einst war die Stadt Stützpunkt der Karthager, später der Römer und der Mauren. Die Spuren der

Blick vom Hafen auf Eivissa

2.500 Jahre alten Besiedlungsgeschichte sind noch zu sehen, vor allem im historischen Zentrum der Oberstadt.

Das zweite touristische Epizentrum Ibizas liegt zwanzig Autominuten entfernt an der gegenüberliegenden Küste, hat aber keine derart geschichtliche Bedeutung und längst nicht so viel Flair: In Sant Antoni de Portmany befindet sich viel lieblos hingeklotzter Beton, einzig und allein der Bewältigung der Urlauberhorden gewidmet. Selbst der berühmte Sunset-Boulevard, von dem aus sich traumhafte Sonnenuntergänge beobachten lassen, ist keine architektonische Schönheit. Das Bespaßungsangebot kann sich jedoch sehen lassen. In den Clubs, Kneipen und Beachbars findet man überwiegend britisches Publikum, das sich hier ein zweites Zuhause geschaffen hat.

Südlich der Achse Eivissa–Sant Antoni liegt die Gemeinde Sant Josep de sa Talia mitsamt dem höchsten Punkt der Insel, dem 475 Meter hohen Sa Talaia de Sant Josep. An der Küste gibt es nur wenige Siedlungen, am bekanntesten bei deutschen Urlaubern sind Cala Vadella und Cala Tarida, beide geprägt von Hotel- und Apartmentanlagen, die sich nicht immer reibungslos ins Landschaftsbild fügen.

Die drittgrößte Stadt der Insel ist Santa Eulària im Osten Ibizas mit rund 8.000 Einwohnern. Hier wohnen viele Ausländer, „Residentes" genannt, unter ihnen auch ehemalige Hippies und Aussteiger. Es geht sehr viel ruhiger und familiärer zu als in Eivissa und Sant Antoni. Mehr touristische Infrastruktur bietet der Ferienort Es Canyar, 4 Kilometer nordwestlich von Eulària. Hier findet auch der berühmte Hippie-Markt statt.

Der Norden Ibizas ist die unberührteste Region der Insel. Zumindest im Landesinneren findet man kleine beschauliche Dörfer, die zwischen Hügeln, Kiefernwäldern und fruchtbaren Feldern eingebettet sind. In Küstennähe sieht man schon eher die Spuren des Baubooms. Wichtigste Ferienstädte sind Port de Sant Miquel, Portinatx und Cala de Sant Vicent.

Motorboot vor Sant Antoni

WISSENSWERTES VON A-Z

Anreise

Im deutschsprachigen Raum fliegt eine Vielzahl von Billig-Airlines nach Ibiza, darunter Germanwings, Air Berlin und Ryan Air. Der Flug dauert ja nach Startort etwa zweieinhalb bis drei Stunden. Der Flughafen auf Ibiza liegt rund sechs Kilometer südwestlich von Eivissa, der Hauptstadt Ibizas. Von hier aus kommt man per Taxi oder per Linienbus in die City. Wer den Landweg mit Auto, Bus oder Zug wählt, steuert am besten Barcelona (oder auch Dénia und València) an, von hier aus fahren Fähren nach Eivissa.

Discobus Ibiza

Sicher, lustig, preisbewusst und ohne Promillebegrenzung der Fahrgäste fährt der Discobus durch die ibizenkischen Nächte und hält vor dem Eingang vieler Hotels und aller bekannten Diskotheken. Und dies von Anfang Juni bis Ende September jede Nacht von Mitternacht bis 7 Uhr morgens. Insgesamt verkehren Busse auf fünf Linien nach einem regulären Fahrplan in Abständen von 30–60 Minuten und zu einem Fahrpreis von € 3–4 (5er-Tickets kosten € 12). Allerdings ist der gesamte Norden nicht an das Streckennetz des Discobusses angeschlossen.

Discobus Ibiza
Tel. +34 600/482 972
www.discobusibiza.com

Hippiemärkte

Der Mythos Ibiza stammt aus der Zeit der Hippies, die in den 1960er Jahren auf die Pityusen kamen. Ein Relikt aus dieser Zeit sind die Hippiemärkte, die heute jedoch einem touristischen Großevent gleichen. Einige Veranstalter karren ganze Busladungen voller Urlauber zu den Märkten. Statt eigenhändig gebasteltem Schmuck und selbst gefärbten Kleidern gibt es Massenware von der Stange. Wer Open-Air-Märkte mag, dem sei ein Ausflug zu einem Hippiemarkt dennoch empfohlen. Es gibt immer viel zu sehen,

Auch an Ibiza´s Stränden findet man die Hippie-Märkte

zu riechen und zu hören. An den Ständen kann man originellen Schmuck, Tücher, Leinenhemden, Röcke, Uhren, Lampen und andere interessante Objekte kaufen. Wer nach hochwertiger, handgefertigter Ware sucht, sollte den berühmten Hippiemarkt von El Pilar auf Formentera besuchen. Er findet von Mai bis Oktober immer Mittwoch und Sonntag nachmittags statt. Den größten Hippiemarkt gibt es auf Ibiza in Es Canyar (von April bis Oktober, immer mittwochs).

Festivals

Mai:
International Music Summit
International erfolgreiche Meet-and-Greet-Messe für elektronische Musik. Eingeflogen kommen Plattenlabels, Agenturen, Produzenten und DJs, die neue Produkte vorstellen und in Gesprächsrunden diskutieren. Parallel finden die ersten Opening Partys der Clubs statt.

International Music Summit
internationalmusicsummit.com

Mai:
Feria Medieval
Die geschmückte Dalt Vila wird zur perfekten Kulisse für mittelalterliches Spektakulum in Eivissa. Es gibt jede Menge Verkaufs- und Handwerkerstände, dazu Gaukler, Jongleure, Tänzer und Akrobaten.

Feria Medieval
medieval-festival-ibiza.ibiza4all.org

Juli:
Ibiza Roots Festival
Kleines Musikfestival in Eivissa mit lokalen und internationalen Künstlern. Stiltechnisch geht es quer durch alle Genres (Latin, Folk, Rock, Reggae).
www.ibizarootsfestival.com
Juli bis August: Bloop Festival
Seit 2011 das Kunstevent der Insel. Künstler aus aller Welt präsentieren Performances, Installationen, Video-Projektionen, Wall Painting etc. In Sant Antoni und auf ausgewählten Spots auf der Insel.

Ibiza Roots Festival
www.bloop-festival.com

September:
Eivissa Jazz Festival
Kleines, aber feines Festival, das seit 1989 internationale Jazzmusiker in die Dalt Vila einlädt, darunter junge Talente und Stars der Szene. Die Konzerte finden im Baluard de Santa Llúcia, einem Wehrturm in der Stadtmauer, statt. Drum herum gibt es Ausstellungen, Workshops und Filme.

Eivissa Jazz Festival
www.eivissajazz.com

August:
Urban in Ibiza
Cooles Streetart-Festival auf dem Gelände des Agroturismo-Hotels Atzaró, zu sehen sind Ausstellungen und Live-Paintings.

Urban in Ibiza
www.urbaninibiza.com

Oktober:
Ibiza Music Video Festival
Zweitägiges, internationales Festival mit Konferenzen, Workshops und Partys. Abschließend werden die besten Musik-Videos

des Jahres gekürt.

Ibiza Music Video Festival
www.ibizamusicvideofestival.com

Party

Die Club-Saison auf Ibiza beginnt Ende Mai mit den Opening-Partys der Clubs und endet Anfang Oktober mit den Closing-Partys. Der einzige große Club, der ganzjährig geöffnet hat, ist das Pacha (im Winter allerdings nur an den Wochenenden). Auf einige kleinere Bars und Clubs in Eivissa trifft das auch zu.

Wer in den Szene-Clubs feiern will, sollte sich darauf einstellen, dass man dabei eine Menge Geld los wird. Die Eintrittspreise variieren je nach Wochentag und Party, zumeist legt man aber um die 50 Euro hin. Auch die Getränke sind teuer, ein Bier kann locker über 10 Euro kosten, ein Cocktail bis zu 20 Euro. In den kleineren Clubs zahlt man etwas weniger. Wer sich das Anstehen an der Abendkasse ersparen will, kauft seine Tickets vorab im Internet. Hier gibt es meist auch Rabatte oder Komplett-Pakete inklusive Pre- und After-Party.

Von Club zu Club kommt man mit dem Taxi, das sich für Gruppen von drei bis vier Personen lohnen kann. Eine Taxifahrt von Sant Antoni ins Privilege oder Amnesia kostet ca. 15 Euro, eine Fahrt von der Platja d'en Bossa ins Pacha ca. 10 Euro. Eine Alternative sind die Discobus-Linien (s.o., www.discobus.es), die zwischen Eivissa, Platja d'en Bossa und Sant Antoni pendeln und dabei alle großen Clubs anfahren.

Seit Jahren sind die nachmittäglichen Bootspartys erfolgreich, die an der Platja d'en Bossa und in den Häfen von Sant Antoni und Eivissa starten. Wer an Bord geht, hat so gut wie immer automatisch Eintritt zur Pre- und After-Party der veranstaltenden Clubs (z.B. „Ibiza Rocks the Boat" mit Eintritt ins Ibiza Rocks Hotel oder „Noah´s Ark" mit Eintritt zum Zoo Project). Meistens sind 1–2 Freigetränke inklusive, manchmal sogar alle Getränke und Snacks. Beim Ticketkauf aufs Kleingedruckte achten!

Mountainbiken

Fahrradfahrer sieht man auf Ibiza, im Gegensatz zu Formentera, eher selten. Um das zu ändern, hat der Tourismusverband der Balearen 21 Mountainbike-Touren unterschiedlichen Schwierigkeitsgrades ausgewiesen. Sie lassen sich in der Broschüre „Radwanderrouten auf Ibiza" (erhältlich in den Fremdenverkehrsämtern vor Ort) oder auf www.ibiza.travel nachlesen. Auf der Website lassen sich die einzelnen Routen auch als GPS-Tracks herunterladen. Empfehlenswert sind geführte Mountainbike-Touren von Inselinsidern, die auch Leihräder zu Verfügung stellen. Z.B.:

www.ibizabike.de
www.ibizamtb.com

Öffentlicher Verkehr – Busse

Auf Ibiza kommt man prima ohne Auto aus, denn die regelmäßig verkehrenden Linienbusse sind modern und preisgünstig. Für alle, die häufig fahren, lohnt sich die aufladbare Chipkarte (tarjeta bonobús), dann wird es sogar noch billiger. Das Streckennetz ist ausreichend dicht, insbesondere von Eivissa aus kommt man problemlos in jede Ortschaft der Insel. Nach Sant Antoni und Santa Eulària fahren Busse im Abstand von 15–30 Minuten. Achtung: An Sonn- und Feiertagen verkehrt eine Vielzahl von Linien seltener oder gar nicht. Infos zu den Busverbindungen gibt es in den Fremdenverkehrsämtern vor Ort und auf

www.ibizabus.de

Promis

Ibiza ist ein Laufsteg für Modeschöpfer und Musiker, Schauspieler und Sportler, Models und Millionäre ... und alles, was sonst noch Rang und Namen hat. Auf der Insel zeigen sich regelmäßig Paris Hilton, Will Smith, James Blunt, Naomi Campbell, Orlando Bloom, Kate Moss, Roberto Cavalli, Kate Hudson, Jean Paul Gaultier, Leonardo DiCaprio, Lindsay Lohan, Kanye West und viele andere.

Top 10 ...

TOP 10 STRÄNDE

Ibizas Küste lockt mit türkisblauem klarem Wasser und wunderschönen Sand- und Kieselständen, die zum Baden und Relaxen einladen. Hier sind die zehn schönsten versammelt – von der abgeschiedenen Bucht bis zur überlaufenden Partymeile, vom Schickimicki-Laufsteg bis zum ordinären Familienstrand.

Platja de ses Salines

Der internationale Jet-Set trifft sich hier zum Sonnenbaden und Cocktailschlürfen. Ganz im Süden der Insel, acht Kilometer von Eivissa entfernt. (S. 165)

Es Cavallet

Der Strand von Es Cavallet liegt ganz in der Nähe der Platja Las Salinas. Ein tolles Restaurant, eine Strandbar für Gays, Wellen zum Surfen: Hier lässt es sich aushalten.

(S. 166)

Cala Bassa

Sonnenbaden, mit den Kindern im Wasser toben, flirten, Kater auskurieren, schnorcheln: All das kann man an der Cala Bassa westlich von Sant Antoni. Ein Strand für alle.

(S. 184)

Die Platja de ses Salines lockt mit feinem Sand und türkisem Wasser

Die Cala d'Hort bietet einen einmaligen Ausblick

Cala d'Hort
Eine malerische Bucht mit vorgelagerten Felseninseln, mehr Natur geht nicht! Die Cala d'Hort ganz im Westen Ibizas ist nicht ganz einfach zu erreichen, aber es lohnt sich. (S. 171)

Platja d'en Bossa
Der Partystrand von Eivissa. Hierher kommt man zum Trinken, bevor es in einen der Clubs geht, oder zum Ausspannen nach der durchgefeierten Nacht. (S. 160)

Cala Xarraca
Ein abgeschiedenes und dadurch noch recht ursprünglich gebliebenes Fleckchen Erde im Norden Ibizas. (S. 200)

Aguas Blancas
Ein kleiner, aber feiner Strand im Osten der Insel. Baden, Schnorcheln, Tauchen im supersauberen Wasser ... Oder doch besser faul in der Sonne liegen?
(S. 219)

Cala Boix

Der Strand der Auswanderer im Osten Ibizas: Hier trifft man Althippies und Individualisten, die sich auf der Insel ein neues Leben aufgebaut haben. Sehr nett!
(S. 218)

Cala Conta

Tagsüber überfüllt, abends traumhafte Sonnenuntergänge bei guter Musik: An die Cala Conta an der Westküste Ibizas fährt man besser erst zu später Stunde.
(S. 185)

Cala Benirràs

Sonntagabends wird am alten Hippie-Strand getrommelt und getanzt. Die unvergleichliche Atmosphäre bei Sonnenuntergang sollte jeder Ibiza-Tourist erlebt haben.
(S. 191)

Die Cala Conta liegt eingebettet in roten Felsen

TOP 10 CLUBS

Ibiza ist vor allem deshalb Ibiza, weil hier jeder bis zum Umfallen feiern kann, egal ob Freak, Technofan, Raver oder Instagramer, Künstler oder VIP. Hier sind die zehn beliebtesten Party-Locations vorgestellt – seinen Lieblingsclub muss jeder selbst finden.

Privilege

Mit tausenden Menschen in einer Halle so groß wie ein Fußballfeld tanzen, das kann man nur im Privilege – laut Guinnessbuch der Rekorde die größte Diskothek der Welt. Auf halber Strecke zwischen Eivissa und Sant Antoni. (S. 186)

Amnesia

Früher traten hier Led Zeppelin und David Bowie auf, seit den 1990ern ist das Amnesia ein Tempel für Trance-, House- und Techno-Freunde. Auf halber Strecke zwischen Eivissa und Sant Antoni. (S. 187)

Pacha

Unter dem Label Pacha gibt es Clubs und Partyveranstaltungen weltweit. Das Original findet sich im Herzen von Eivissa. Nirgendwo sonst tummeln sich so viele VIPs und nirgendwo sonst hat Feiern so viel Stil. (S. 154)

Ushuaïa Beachclub Hotel

Das Angesagteste, was Ibiza derzeit zu bieten hat, direkt an der Platja d'en Bossa. Im Innenhof gibt es eine riesige Open-Air-Bühne am Pool und Daytime-Clubbing vom Feinsten. (S. 161)

Ibiza Rocks Hotel

Noch so ein Hotel, in dem man weniger schläft als feiert. Vom Balkon der eigenen Suite aus kann man internationale Größen der Rock-Szene sehen und hören ... In Sant Antoni. (S. 180)

Benimussa Park at Gala Night

Angeblich früher mal ein Zoo – heute wird hier (etwas außerhalb von Sant Antoni) unter freiem Himmel zu Elektro und House getanzt. Bodypainting und Tiermasken dürfen nicht fehlen. (S. 179)

Es Paradis

Ein stilvoller Club im Herzen von Sant Antoni. Am meisten Spaß machen die Wasserpartys, bei denen Wasserschauer für Abkühlung sorgen, oder besser gesagt: die Stimmung erst so richtig anheizen. (S. 179)

Space

Auf der Dachterrasse des Space tanzt man bis zum Morgengrauen, die Flugzeuge im Landeanflug auf den Flughafen werden mit Applaus bejubelt. An der Platja d'en Bossa (S. 162)

DC10

Ins DC10, in der Nähe des Flughafens von Ibiza, gehen nur Kenner und Liebhaber des Underground Techno. Hier sind exzellente DJs abseits des Mainstreams zu hören. (S. 163)

Gatecrasher

Das legendäre Eden in Sant Antoni gehört seit Kurzem zur Gatecrasher-Gruppe und hat daher einen neuen Namen und Look verpasst bekommen. Gefeiert wird nach wie vor deluxe! (S. 179)

So geht Werbung auf Ibiza: hübsche Damen werben für das "Space"

TOP 10 STRANDBARS UND BEACHCLUBS

Cocktails schlürfen, köstlich dinieren, Sonnenbaden ... und zwischendurch kurz ins Wasser springen – so sieht ein perfekter Tag auf Ibiza aus. Die zehn besten Orte am Strand seien an dieser Stelle verraten:

Jockey Club

Ein freundliches Restaurant mit Terrasse und Sonnenliegen im feinen, weißen Sand. Seit vielen Jahren etabliert an der Platja Las Salinas. (S. 165)

Nikki Beach Club

Weiße Sonnenliegen, teure Drinks und ausgewählte Speisen ... im Nikki Beach Club fühlt sich auch der normalste Urlauber wie ein VIP. Kreditkarte nicht vergessen! Am Strand von S'Argamassa, nordöstlich von Santa Eulària. (S. 211)

Café del Mar

Noch immer finden sich Menschen aus aller Welt auf den Felsen vor dem berühmten Café ein, um dem Sonnenuntergang zu lauschen. Der klingt nämlich nirgends so gut wie in Sant Antoni. (S. 177)

Ocean Beach Ibiza

In Champagner baden – das kann man nur bei den Ibiza-Spray-Partys im Ocean Beach. Wer das Wasser vorzieht, springt in den riesigen Pool (600 m^2). In der Bucht von Sant Antoni. (S. 178)

Café Mambo

Das Café Mambo liegt direkt neben dem Café del Mar und ist nicht weniger bekannt. Auch hier steigen stimmungsvolle Pre-Partys zur Einstimmung und After-Partys zum Ausklang der Nacht. (S. 178)

The Golden Buddah

Wer dem Hype um das Mambo und das Café del Mar entgehen will, ist in diesem Chillout-Restaurant (gold)richtig. Der Sonnenuntergang ist hier so wunderschön wie überall in Sant Antoni. (S. 178)

Im Coco Beachclub genießt man eine herrliche Aussicht

Bora Bora Beachclub

Eine der legendären Beachbars direkt am Partystrand Platja d'en Bossa. In der Sonne relaxen, Kopfschmerzen auskurieren ... und dann weiterfeiern!
(S. 161)

Kumharas

Einer der entspanntesten Spots in Sant Antoni. Hier kann man essen und trinken, Shisha rauchen, im Hippie-Shop einkaufen und (natürlich!) den Sonnenuntergang beobachten.
(S. 178)

Coco Beachclub

Frühstücken, Schwimmen gehen, in der Sonne relaxen, den Blick rüber zum alten Wehrturm genießen – im Coco Beachclub kann man den ganzen Tag verbringen. Am Ende der Platja d'en Bossa. (S. 162)

Blue Marlin Ibiza

Eine der edelsten Strandbars Ibizas an der Cala Jondal im Süden der Insel. Hier sitzen, trinken und speisen Promis, Möchtegern-Berühmtheiten und alle, die gerne gesehen werden möchten.
(S. 170)

TOP 10 RESTAURANTS

Ibizas Restaurants warten mit schmackhaften Köstlichkeiten – man muss nur wissen, wo man sie findet. Einige befinden sich mitten in der Stadt, andere liegen am Straßenrand irgendwo in der Pampa. Von typisch ibizenkischer Küche bis internationale Gaumenfreuden ...

El Olivo

Seit Jahrzehnten eines der besten Restaurants der Insel, meist bis zum letzten Platz gefüllt. Exzellente französisch-mediterrane Küche, mitten im Trubel der Dalt Vila von Eivissa. (S. 152)

Es Pi d'Or

Hier wird man definitiv nicht abgezockt: Die Fisch- und Fleischgerichte sind erstaunlich günstig,

Auf Ibiza erwartet Sie nicht nur eine exzellente Küche, sondern auch freundlicher Service

den Blick auf die herrliche Landschaft gibt´s gratis oben drauf. Nordwestlich von Sant Antoni. (S. 184)

Madrigal

Schmackhafte Fisch- und Fleichgerichte im Hafen von Eivissa mit herrlichem Blick aufs Wasser und die weißen Fassaden der Stadt. Platz nehmen und genießen! (S. 153)

Soul Kitchen

Eine stilvolle Adresse für Liebhaber des gepflegten Gesprächs bei feinem Essen und gutem Wein. An der Straße von Sant Josep nach Sant Antoni. (S. 169)

The Skinny Kitchen

Ein hippes Restaurant in Sant Antoni mit überwiegend vegetarischen und veganen Gerichten. „Eat clean, rave dirty" ist das Motto – sehr sympathisch. (S. 183)

La Bodega

Die vermutlich besten Tapas der Insel gibt es hier: Kreative Rezeptideen, stilvoll angerichtet und einfach unfassbar lecker. In der Dalt Vila in Eivissa. (S. 153)

Es Caliu

Ein absolut uriger Landgasthof auf halbem Weg zwischen Eivissa und Sant Joan, freundlich und kein bisschen elitär. Perfekt für einen Ausflug ins Inselinnere. (S. 209)

Ama Lur

Feinste baskische Küche jenseits von nullachtfünfzehn, die nicht nur bei Urlaubern, sondern auch bei Einheimischen beliebt ist. Außerhalb von Eivissa an der Straße nach Sant Miguel. (S. 153)

Sa Finca

Ein schöner Ort für ein Candlelight-Dinner oder einen stimmungsvollen Abend mit Freunden, mit Blick auf Santa Eulària und das Meer. (S. 209)

Restaurant Formentera

Die Köche des „Formentera" wissen, was sie tun. Sie zaubern seit Jahren die besten Paellas der Insel. In der Dalt Vila von Eivissa. (S. 152)

TOP 10 STRANDHOTELS

Was für ein Luxus, wenn man in zwei Minuten zu Fuß am Strand ist und nicht erst mit Auto oder Fahrrad hingelangt! Die zehn schönsten Hotels in Strandnähe sind an dieser Stelle versammelt, von der schlichten Unterkunft bis zur glamourösen Edelherberge.

Bahia Apartamentos

Bis zu sechs Personen können in den geräumigen Apartments nächtigen. Preiswerter geht es kaum, gerade für Familien. Der Strand von Santa Eulària beginnt gleich nebenan.
(S. 205)

Fiesta Hotel Don Carlos

Ein Vier-Sterne-Hotel am Strand von Santa Eulària, das mit Service und Komfort glänzt. Perfekt für alle, die Ruhe und Entspannung wollen und Kindergeschrei am Pool nicht mögen.
(S. 206)

Hotel ME

Über dieses Hotel direkt am Strand von S'Argamassa spricht ganz Ibiza – ein durchdesignter Luxustempel, wie er seinesgleichen sucht.
(S. 211)

Hotel Village

Party und Animation gibt es hier nicht, dafür einige wenige ruhige Zimmer mit exklusivem Blick auf Meer und Hügellandschaft. Ganz im Westen der Insel. (S. 173)

Jet Apartments

Für Urlauber, die sich mehr für Party am Pool interessieren als fürs Schlafen. Super Lage direkt an der Platja d'en Bossa, gleich um die Ecke befinden sich Bora Bora, Space und das Ushuaïa.
(S. 160)

Hotel Es Vive

Ein überaus gelungener Mix aus Style, Party und Hippness, der vor allem 20- bis 40-Jährige ansprechen dürfte. Am Strand Ses Figueretes, dem Stadtstrand von Eivissa. (S. 158)

azuLine Hotels Mar Amantis

Perfekt für Paare mit Kind und Kleingruppen: Sehr einfache, aber günstige Apartments direkt an der Platja d'en Bossa sind mit allem ausgestattet, was man braucht.
(S. 181)

Marina Playa Apartments

Eigentlich müssten es mehr sein als drei Sterne, denn die schicken Apartments mit Bad, Küche und Terrasse sind top. Ein absolutes Kleinod in der belebten Bucht von Sant Antoni.
(S. 181)

La Ciguena

Ein sehr nettes Familienhotel direkt am Strand von Portinatx für alle, die nichts lieber tun, als faul in der Sonne zu liegen und zwischendurch mal ins kühle Nass zu springen. (S. 199)

Hostal Talamanca

Am gleichnamigen Strand, etwas außerhalb von Eivissa. Unbedingt nach einem Zimmer mit Meerblick fragen, dann kann in diesem einfachen, aber sehr netten Hotel nichts mehr schief gehen.
(S. 158)

Blick auf die aufgehende Sonne von einem Zimmer des Hostal Talamanca

TOP 10 FINCA-HOTELS

Ibizas ruhigeres Binnenland ist längst touristisch erschlossen: Leerstehende Fincas, meist umsäumt von Pinienwäldern und Orangenhainen, wurden aufwändig renoviert und in moderne Herbergen für ruhesuchende Urlauber verwandelt. Hier sind die zehn schönsten, von ländlich rustikal bis hochgradig exklusiv.

Auf Ibiza und Formentera sind solche Steinbauten weit verbreitet

Ibiza Rocks House at Pikes Hotel

Berühmtes Boutique-Hotel mit Rock ´n´ Roll Lifestyle, außerhalb von Sant Antoni, auf dem Gelände einer ehemaligen Finca. Jedes Zimmer ist ein Unikat!
(S. 180)

Agroturismo Can Gall

Geräumige Zimmer mit rustikal-charmantem Flair in grüner Umgebung – hier hat man tatsächlich noch seine Ruhe. In der Nähe von Sant Joan de Labritja.
(S. 200)

Ca n'Arabi

Tagsüber Shopping und Citylife in Eivissa, abends dann nur wenige Kilometer außerhalb der Stadt zur Ruhe kommen. Nicht überstylt, sondern gemütlich und intim.
(S. 152)

Hotel Hacienda Na Xamena

Ein Luxushotel der Extraklasse, berühmt für seine Wasserkaska-

den (mehrere Pools am Hang, die über Wasserfälle miteinander verbunden sind). In der Nähe von Port de Sant Miguel.
(S. 189)

Atzaró

Völlig abgeschieden vom Rest der Welt, und dennoch ist hier im Sommer immer etwas los: Kunstausstellungen, Modenschauen, Konzerte ... dazu viel Celebrity und Glamour.
(S. 207)

Sa Vinya d´en Palerm

Das Kontrastprogramm: Familie Palerm vermietet auf ihrem Landgut fünf Zimmer, dazu gibt es ein paar Tiere und jede Menge Obst-, Wein- und Gemüsefelder rings rum.
(S. 190)

Hacienda Encanto del Rio

Eine nicht ganz billige Oase der Ruhe im Südosten Ibizas mit traumhaftem Blick aufs Meer. Der Kultstrand Aguas Blanca ist nur wenige Meter entfernt.
(S. 218)

Can Fuster

Eine kleine, etwas weniger luxuriöse Finca mit nur wenigen (tatsächlich erschwinglichen) Zimmern in ruhiger Lage, perfekt auch als Ausgangspunkt für Wandertouren im Norden Ibizas.
(S. 200)

Agroturismo Can Lluc

Superschöne Anlage mit Zimmern, Bungalows und Ferienwohnungen. Alles sehr stilvoll, ruhig und familiär, im Herzen der Insel, nahe dem Örtchen Sant Rafel.
(S. 187)

Les Terrasses

Ein Kleinod im Grünen: Eleganz und Charme, wohin man sieht, exzellentes Essen, traumhafte Ruhe. Und das alles noch zu halbwegs erschwinglichen Preisen.
(S. 207)

EIVISSA (Ibiza-Stadt) UND UMGEBUNG

Eivissa ist nicht nur Hauptstadt von Ibiza, sondern auch das ungeschlagene kulturelle und wirtschaftliche Zentrum der Insel. Wer sich den besten Überblick verschaffen will, begibt sich in die Dalt Vila, den alten, historischen Kern, der von Festungsmauern umgeben ist und ganz oben auf dem Hügel thront. Hier befinden sich die meisten Sehenswürdigkeiten der Stadt, darunter die Kathedrale, das Rathaus und einige Museen. 1999 wurde die Dalt Vila von der UNESCO zum Weltkulturerbe erklärt.

Unterhalb der Festungsmauern beginnt die Unterstadt mit den beiden Vierteln Sa Penya und La Marina. Einst lebten hier Fischer, Handwerker und die, die kein Recht hatten, in der sicheren, befestigten Oberstadt zu wohnen. Heute vibriert hier das (Nacht-)Leben von Eivissa. Cafés, Bars und Restaurants reihen sich entlang der Straßen, außerdem gibt es stylische Boutiquen und Lädchen.

Blick auf Eivissa und die Catedral Nostra Senyora de las Neus

Segelboote im Hafen von Eivissa

Am westlichen Ende von La Marina liegt der Passeig Vara de Rey, die zentrale Shopping- und Flaniermeile mit zahlreichen Straßencafés. Sie trennt, wenn man so will, das alte Eivissa von der Neustadt, die sich westlich und südwestlich erstreckt. In S'Eixample, so der Name der Stadterweiterung, gibt es Hotels, Wohnhäuser und Läden des täglichen Bedarfs.

Auf der anderen Seite des Hafenbeckens liegen die beiden Sporthäfen Eivissa Nova und Marina Botafoch. Zu Fuß sind beide nicht besonders schnell erreichbar, dafür aber per Bootsverkehr. Während Eivissa Nova relativ zweckmäßig angelegt wurde, geht es in Marina Botafoch exklusiver zu. Hier finden sich zahlreiche teure Restaurants, Boutiquen und Clubs, darunter auch die Luxus-Lounge von Modeschöpfer und Designer Roberto Cavalli.

Einen eigenen Strand hat Eivissa nicht zu bieten, rund um die Stadt wird man aber fündig: Nordöstlich liegt der Strand Talamanca, der vor allem bei Familien beliebt ist. Südwestlich liegen Ses Figueretes und dahinter die Platja d'en Bossa, letzterer ist der längste Strand der Insel und berühmt für sein Nachtleben.

Sehenswertes

Dalt Vila

Wer den steilen Aufstieg in die Oberstadt wagt, hat nicht nur einen phantastischen Ausblick auf die Bucht von Eivissa, sondern kann auch auf angenehme Weise in die Vergangenheit der Stadt eintauchen. Die Dalt Vila ist für den allgemeinen Verkehr gesperrt. An allen wichtigen Punkten sind mehrsprachige Informationstafeln angebracht.

Den Rundgang startet man am besten am Haupttor der Oberstadt, dem Portal de ses Taules, das 1585 fertig gestellt wurde (wie auch die gesamte Anlage der Stadtmauern). Von hier aus gelangt man direkt zur Plaça de Vila, einem der belebten und stimmungsvollen Plätze mit zahlreichen Restaurants und Cafés. Hier liegt, etwas versteckt, der Zugang zum Museu d'Art Contemporani. Es geht nun im Zickzack steil hinauf zur Plaça de la Catedral, wo sich neben der Kathedrale das sehenswerte Museu Arqueològic und das (leider nicht der Öffentlichkeit zugängliche) Kastell befinden.

Haupteingangstor von Dalt Vila

Über den Carrer de la Universitat gelangt man zum Baluard de Sant Bernard, einer der wuchtigen Bastionen. Von hier aus führt ein Panoramaweg rund um die Befestigungsanlage, vorbei am Baluard de Sant Jordi zum Baluard de Sant Jaume, in dessen Innerem sich ein kleines Museum befindet, das über die Verteidigungsanlagen informiert. Kanonen und Kugeln dürfen angefasst werden! Weiter geht es zur vierten Bastion, dem Baluard des Sant Pere, auch hier gibt es ein kleines Museum.

Malerische Gassen durchziehen Eivissa´s Altstadt

Catedral Nostra Senyora de las Neus

Die Ibizenkos sind und waren ein gläubiges Völkchen. Und so haben sie seit dem 14. Jh. eine überragende Kathedrale, die mit ihrem Stilmix quer durch die Jahrhunderte (die Rekonstruktion stammt aus dem 18. Jh.) fast schon skurril wirkt. Kurios: Sie ist der „Heiligen Jungfrau des Schnees" gewidmet; ungeachtet der Tatsache, dass es auf Ibiza nie schneit. Im Inneren findet sich ein kleines Museum mitsamt Kirchenschatz.

Catedral Nostra Senyora de las Neus
Plaça de la Catedral
Di.–Sa. 9.30–13.30, 17–20 Uhr,
Messe am Sonntag: 10.30 Uhr

Museu Arqueològic

Die archäologischen Funde, die hier versammelt sind, machen mit der 3.000 Jahre umspannenden Geschichte Ibizas und Formenteras von der Prähistorie bis zum Mittelalter vertraut. Zu sehen sind Münzen, Büsten, Götter-Abbildungen (Bes hieß der Chefgott) und Tonarbeiten. Alles sehr be-

Catedral Nostra Senyora de las Neus

eindruckend und dankenswerter Weise auch englisch beschriftet.

Museu Arqueològic
Plaça de la Catedral
www.maef.es
Okt. – März: Di.–So. 9–15 Uhr,
April – September:
Di.–So. 10–14, 18–20 Uhr

Museu d'Art Contemporani

Hier wird zeitgenössische Kunst ausgestellt, darunter vor allem Arbeiten von Künstlern, die auf Ibiza geboren wurden. Die ständige Ausstellung zeigt Künstler wie z.B. Erwin Broner, Will Faber, Hans Laabs und Katja Meirowsky. Die Wechselausstellungen eröffnen mit Vernissagen, die wegen des reichlich fließenden Landweins bei Gästen wie Einheimischen beliebt sind. Zum Teil echt starke, aktuelle Kunst.

Museu d'Art Contemporani
Plaça de la Vila 2
www.eivissa.es/mace
April, Mai, Juni, September:
Di.–So. 10–14, Di.–Fr. 17–20 Uhr,
Juli, August:
Di.–So. 10–14, Di.–Fr. 18–21 Uhr,
März, Okt.: Di.–Fr. 10–16.30,
Sa./So. 10–14 Uhr

Casa Broner

Der Maler und Architekt Erwin Broner (1898–1971) floh 1934 vor den Nazis aus Deutschland und landete schließlich auf Ibiza. Berühmt wurde er als Mitbegründer der Künstlergruppe „Ibiza 59". Broner kombinierte die traditionell ibizenkische Bauweise mit modernen Elementen – besonders schön zu sehen in seinem ehemaligen Arbeits- und Wohnhaus, das seit 2010 als Museum der Öffentlichkeit zugänglich ist. Das Gebäude über den Klippen von Sa Penya gibt interessante Einblicke in seine Arbeit und eine tolle Aussicht aufs Meer.

Casa Broner
Travessia de Sa Penya 15
Tel. +34 971/399 232
Di.–Fr. 10–16.30 Uhr
(im Sommer nur bis 14 Uhr,
dafür weitere Öffnungszeit
am späten Nachmittag),
Sa./So. 10–14 Uhr,
Mo./Feiertage geschlossen,
Eintritt frei

Necròpolis del Puig des Molins

Auf dem Puig des Molins südwestlich der Dalt Vila standen einst mehrere Windwühlen, die Getreide zu Mehl malten. Darunter liegt die Nekropolis von Eivissa, jener Ort, an dem man im Altertum die Toten in Felskammern und -schächten bestattete. Zunächst wurde die Grabanlagen von den Phöniziern (ab dem 7. Jh. v. Chr.) und später von den Puniern (ab dem 5. Jh. v. Chr.) genutzt. Historiker schätzen die Gesamtzahl der Gräber auf etwa 3.000, damit wäre der Berg die größte bekannte karthagische Totenstadt.

Abstieg zu den Maultier-Hypogäen

Am Fuß des Puig de Molins liegt das Museu Monogràfic, das Grabbeigaben wie Keramikgefäße, Schmuck, Knochenschnitzereien und Totenmasken in Vitrinen präsentiert. Highlight ist der Zugang zu den Maultier-Hypogäen, einem unterirdischen Gewölbe, in dem zwei verglaste Sarkophage mitsamt Skeletten bestaunt werden können. Der Rest der Nekropolis ist leider nicht begehbar, da die Höhlenmünder, die sich über den kompletten Berg verteilen, sehr fragil sind.

Necròpolis del Puig des Molins
Via Romana 31
www.maef.es
Oktober – März:
Di.–Do., Sa. 9.30–15,
Fr. 10–14 Uhr,
April – September:
Di.–Do., Sa. 10–14, 18.30–21,
Fr. 10–14 Uhr

Übernachten

Hotel Mirador de Dalt Vila

Ein zum Fünf-Sterne-Hotel umgebautes Stadthaus aus dem Jahr 1904, umgeben von der historischen Stadtmauer. Für die exklusive Lage zahlt man mit.

Treppe in Dalt Vila

Hotel Mirador de Dalt Vila
Plaça d'Espanya 4
Tel. +34 971/303 045
info@hotelmiradoribiza.com
www.hotelmiradoribiza.com

Hostal Parque
Plaça del Parc 4
Tel. +34 971/30 13 58
info@hostalparque.com
hostalparque.com

Casa de Huespedes Vara de Rey

Eine perfekte Unterkunft für alle, die mitten im Trubel von Eivissa wohnen wollen und mit Gemeinschaftsduschen leben können. Unschlagbar günstig und freundlich.

Casa de Huespedes Vara de Rey
Passeig de Vara de Rey 7
Tel. +34 971/301 376
www.hibiza.com

Hostal Parque

Stilvoll eingerichtete Zimmer und Suiten, zentral gelegen. Für alle, die es mögen, mitten drin zu sein.

Hostal La Marina

Am Hafen von Eivissa, also ebenfalls kein ruhiger Ort (am besten nach einem Zimmer hinten raus fragen). Dafür günstig und sauber.

Hostal La Marina
Carrer Barcelona 7
Tel. +34 971/310 172
reservas@hostal-lamarina.com
www.hostal-lamarina.com

Ocean Drive

Die Fassade leuchtet nachts dunkelbau, Stil und Farben innen sind den Hotels am Ocean

Drive in Miami nachempfunden. Es gibt 40 Zimmer; die Suiten haben iPad, Espressomaschine und Autoverleih inklusive. In exklusiver Lage am Hafen Marina Botafoch.

Ocean Drive
Carrer de Sant Francesc de Formentera 725
Tel. +34 971/318 112
oceandrive@od-hotels.com
www.od-hotels.com

Ca n´Arabi

Eine liebevoll restaurierte Finca außerhalb von Eivissa, umgeben von Orangenhainen. Die Zimmer sind nicht durchdesignt, sondern stilvoll und gemütlich eingerichtet, allesamt sehr hell und geräumig. Komfort wird groß geschrieben, aber nicht übertrieben. Erschwingliche Preise zur Vor- und Nachsaison.

Ca n´Arabi
Puig d´en Valls
Tel. +34 971/313 505
info@canarabi.com
www.canarabi.com

Essen und Trinken

El Olivo

Die Speisekarte liest sich wie ein Gedicht: Kalbsfilet gefüllt mit Ziegenkäse und Estragon, Kabeljau mit Ingwer und Kaffir-Limette oder Rochenflügel mit zerlassener Butter und Kapern? Eines der besten Restaurants der Insel, herrlich gelegen am belebtesten Platz der Dalt Vila. Unbedingt reservieren, sonst geht hier nichts.

El Olivo
Plaça de la Vila 9
Tel. +34 971/300 680
www.elolivoibiza.org

Restaurant Formentera

Die besten Paellas der Stadt. Direkt am Hafen. Allerdings nicht preiswert und bei starkem Andrang auf Hektik getaktet.

Restaurant Formentera
Plaça sa Tertúlia 5
Tel. +34 971/578 664
info@restaurantformentera.com
www.restaurantformentera.com

La Bodega

Die Bodega in der Dalt Vila ist eine der besten Adressen Eivissas für leckere, authentische Tapas, die ohne blasierten Schick in großer Auswahl zu angemessenen Preisen serviert werden. Dazu die passenden Weine und das Gefühl, mitten drin im Geschehen zu sein. Also eine quirlige, recht laute, etwas chaotische Atmosphäre und definitiv eine Empfehlung, nicht für ein romantisches Candlelight Dinner oder auf ein Hoch der Gemütlichkeit, aber für ein bodenständiges, authentisches Esserlebnis!

La Bodega
Carrer Bisbe Torres Mayans 2
Tel. +34 971/192 740
www.labodegaibiza.es

Madrigal

Am Hafen Marina Botafoch mit Blick auf die weißen Fassaden von Eivissa. Ein super Haus, perfekt geführt und himmlisch bekocht, natürlich überwiegend Fisch und Meeresfrüchte, aber auch Kaninchen und Rinderfilet sind ein Gedicht.

Madrigal
Passeig Joan Carles I 1021
Tel. +34 971/311 107
madrigalibz.com

Cavalli Club

Exklusives Restaurant mit Open-air-Lounge, gestaltet von Modeschöpfer und Designer Roberto Cavalli. Am Hafen Eivissa Nova.

Cavalli Club
Passeig Joan Carles I 13
Tel. +34 971/192 197
reservations@cavallibiza.com
ibiza.cavalliclub.com

Ama Lur

Im überdachten Patio servieren aufmerksame Kellner vorzüglichen Fisch, feine Fleischspezialitäten und hausgemachtes Gebäck. Anschließend fühlt man sich wie neu geboren. Unbedingt reservieren! An der Straße Eivissa–San Miguel, an der Kreuzung nach Sant Rafel gelegen.

Ama Lur
Carretera de San Miguel km 2,3
Tel. +34 971/314 554
www.restauranteamalur.com

Mar y Sol

Das Mar y Sol ist Eivissas Café-Klassiker direkt an der Hafenmeile, ihr visueller Schaukasten und kommunikativer Brennpunkt – auch oder gerade deswegen, weil man hier immer wieder unweigerlich vorbeikommt. Drinnen eher mau ausstaffiert, versprühen die Palmen an der Terrasse dezentes exotisches Flair. Für viele ist es Pflicht, den Tag mit dieser „Institution" zu beginnen. Vor Ort ist es das Frühstückscafé schlechthin. So gegen Mittag trifft man sich, nachdem man sich von der Nacht einigermaßen erholt hat, um bei Croissants und Café con leche zu sehen, was der neue Tag so alles auf Lager haben könnte. Was man wissen muss, erfährt man im Mar y Sol: Wo man noch ein Zimmer herkriegt, wo die nächste Strandparty steigt, wer an Prominenz gerade in der Stadt weilt. Man kann auch eine Nachricht für irgendwen am Tresen oder bei einer der netten Bedienungen hinterlassen oder einfach nur zerknirscht in der Ecke sitzen und den Weltverzweifelten mimen. Man ist hier viel gewöhnt und entsprechend tolerant. Kurzum: Am Mar y Sol kommt man nicht vorbei.

Mar y Sol
Carrer Lluis Tur i Palau 22
Tel. +34 971/315 234
täglich 8.30–1 Uhr,
im Sommer bis 2.30 Uhr

Nachtleben

Pacha

Das Pacha ist von der Insel seit seiner Gründung im Jahr 1973 nicht mehr wegzudenken. Und das hat vor allem einen Grund: Dieser Club hat Stil! Im Gegensatz zu Megatempeln wie dem Privilege und dem Amnesia ist das Pacha geradezu „klein", die Atmosphäre angenehm intim, obwohl hier pro Nacht bis zu 3.000 Menschen feiern können und dies – wenn der Bär so richtig brummt – auch tun. Nirgendwo sonst kann man sich so angenehm glamourös vom Sound der Nacht wegspülen lassen. Es gibt zahlreiche VIP-Areas, in denen die schönen, reichen und wichti-

gen Leute ihre Cocktails schlürfen.
Das Pacha ist mehr als nur ein Club. Zur Kette gehören zahlreiche Diskotheken und Veranstaltungen weltweit (erkennbar am Logo mit den zwei miteinander verbundenen Kirschen), darüber hinaus mehrere Hotels, einige Restaurants und sogar ein Mode-Label. Wer den Pacha Lifestyle rund um die Uhr erleben will, nächtigt gleich gegenüber im El Hotel de Pacha oder im exklusiven Destino Pacha Ibiza Resort etwas außerhalb der Stadt.

Pacha
Avinguda 8 d'Agost s/n
Tel. +34 971/313 612
info@pacha.com
www.pacha.com

Lío

Das Lío (früher El Divino) gehört seit 2011 zur Pacha-Gruppe und ist Restaurant, Theater und Club in einem. Zum Dinner (gekocht wird Open Air) gibt es Live-Shows mit Burlesque-Tänzern, Akrobaten und Schlangenmenschen. Sehr teuer, bei Promis beliebt, aber sicherlich nicht jedermanns Sache.

Lío
Puerto Deportivo Marina
Tel. +34 971/310 022
www.lioibiza.com

Boom!

Das Boom! war einst ein etwas heruntergekommener Laden, bekannt unter den Namen Angel's, Penelope und Heaven. Seit 2013 ist der Club in neuen Händen, Besitzer ist Giuseppe Cipriani, der auch das gleichnamige auf der Insel bekannte Restaurant betreibt. Die Räumlichkeiten wurden mit modernster Sound- und Lichttechnik aufgemöbelt und finden nun neuen Anklang beim Partypublikum. 1.000 Leute finden hier Platz, der Club also deutlich kleiner als das Pacha, das 500 Meter entfernt liegt.

Boom!
Passeig Joan Carles I 9
Tel. +34 682/100 400
www.boomibiza.com

Veto

Alternative Bar mit Tanzfläche (früher unter dem Namen „Grial" bekannt), in Fußnähe zum Pacha. Kein Eintritt, vernünftige Getränkepreise. Absoluter Tipp! So richtig heiß her geht es aber erst zur Nebensaison und im Winter.

Veto
Avinguda 8 d'Agost 7–11
Tel. +34 971/317 006
www.veto-social-club.com

Swami

Winzige Bar mitten in der Dalt Vila. Draußen kleine Tische und Barhocker, innen schön dunkel und höhlenmäßig. Im ersten Stockwerk gibt es einen kleinen Balkon mit zwei Plätzen – romantisch!

Swami
Carrer Enmig 34
Tel. +34 649/272 341
swamibiza@hotmail.com
www.facebook.com/swami.ibiza

Keeper

Kleiner Club mit gemütlicher Gartenterrasse, beliebt als Pre-Party-Location. 500 Leute haben hier Platz zum Feiern, es läuft auch mal Ibiza-untypische Musik wie z.B. Salsa. Am Hafen von Marina Botafoch.

Keeper
Paseo Juan Carlos I 1
Tel. +34 971/310 509
www.keeperibiza.com

Km5

Beliebter Nightlife-Spot außerhalb von Eivissa, untergebracht in einer ehemaligen Finca. Im Außenbereich gibt es einen Garten mit Palmen und Orangenbäumen, außerdem Zelte im Beduinen-Look. Innen gibt es ein Gourmetrestaurant, mehrere Bars mit kleiner Tanzfläche und Chillout-Areas.

Km5
Carretera a Sant Josep km 5,6
Tel. +34 971/396 349
reservas@km5-lounge.com
www.km5-lounge.com

PLATJA TALAMANCA

Die Platja Talamanca liegt nordöstlich von Eivissa. Der Sandstrand zieht sich über etwa einen Kilometer an der Bucht entlang und fällt flach ins Wasser ab. Hinter dem Strand verläuft ein Holzsteg, der später in eine Promenade übergeht und eine Vielzahl an Kiosken, Bars und Restaurants bietet. Etliche Hotels liegen direkt am Strand, einige von ihnen haben sogar ganzjährig geöffnet. Hier geht es sehr viel ruhiger zu als an der Platja d´en Bossa, deshalb ist die Gegend auch bei Familien beliebt.

Übernachten

Hotel Argos
Typisches Urlauberhotel mit vier Sternen. Die Anlage verfügt über 106 Einzel- und Doppelzimmer mit Bad, die Hälfte davon hat Meerblick. Kostenloses WLAN im ganzen Hotel, zwei Restaurants, Fitness-Raum, Hallenbad und Außenpool. 500 Meter vom Strand entfernt.

Hotel Argos
Carrer s'Illa Plana 2
Tel. +34 971/312 162
argos@sibiza.com
www.hotelargos-ibiza.com

Die Platja Talamanca eignet sich gut für Familien

Hostal Talamanca

Eine ruhige und günstige Unterkunft mit schlicht eingerichteten Zimmern. Unbedingt nach einem Zimmer mit Meerblick fragen! 300 Meter sind´s zum Strand.

Hostal Talamanca
Carrer Talamanca 10
Tel. +34 971/312 463
www.hostaltalamanca.com

Destino Pacha Ibiza Resort

Am Cap Martinet, am Ostende der Talamanca-Bucht, betreibt das Pacha-Imperium ein Vier-Sterne-Hotel, hoch auf den Klippen mit beeindruckender Sicht aufs Meer. Zum zugehörigen Beachclub hat auch Zutritt, wer kein Hotel-Gast ist. Natürlich werden hier glamouröse Poolpartys gefeiert. Erholung versprechen Wellness- und Yogaangebote.

Destino Pacha Ibiza Resort
Avenida Cap Martinet s/n
Tel. +34 971/317 411
www.destinoibiza.com

PLATJA DE SES FIGUERETES

Die Platja de ses Figueretes liegt südwestlich von Eivissa. Es handelt sich um einen kleinen Sandstrand mit einer schönen Palmenpromenade, dahinter liegen zahlreiche Hotel- und Apartmentanlagen. Abends stellen Händler ihre Stände auf, in den Cafés und Restaurants ist viel los. Die westlich sich anschließende Platja d´en Bossa ist durch einen Fischerhafen von der Platja de ses Figueretes getrennt.

Übernachten

Hotel Es Vive

Total hip: Außen weiße Fassaden mit türkisen Fenstern, innen Top-Design. Es gibt einen kleinen, süßen Spa-Bereich, einen Pool mit Palmen und eine Dachterrasse mit traumhaftem Blick auf die Bucht von Eivissa. In der zum Hotel gehörigen Experience Bar wird harter House aufgelegt, dementsprechend feuchtfröhlich geht es hier nachts zu. Einen eigenen Strand hat das Hotel nicht,

Platja de ses Figueretes mit Palmenpromenade, dahinter Hotelanlagen

aber zu Fuß sind es nur zwei Minuten.

Hotel Es Vive
Carrer de Carles Roman Ferrer 8
Tel. +34 971/301 902
bookings@hotelesvive.com
www.hotelesvive.com

Hotel Marigna
Ebenfalls eine schöne Alternative zu den großen Betonblöcken, die an der Platja de ses Figueretes so häufig vorhanden sind. Das kleine Hotel bietet 44 Zimmer (adults only), gestaltet in mediterranen Farben; an den Wänden hängen einige witzige Kunstwerke. Bis zur Strandpromenade sind es 150 Meter.

Hotel Marigna
Carrer al Sabini 18
Tel. +34 971/399 942
info@hotelmarignaibiza.com
www.hotelmarignaibiza.com

PLATJA D´EN BOSSA

Die Platja d´en Bossa, nur wenige Kilometer südwestlich von Eivissa, ist der längste Strand der Insel und Ibizas Partystrand schlechthin. Hier tummelt sich alles zwischen Waschbrett- und Bierbauch, zwischen Pauschal und VIP. Man kann in der Sonne liegen und kühle Drinks schlürfen oder auch kiten, surfen und Jet-ski fahren. Gleich hinter dem Strand liegen die beliebtesten Beachclubs und Bars Ibizas. Alle paar Minuten donnern Flugzeuge im Landeanflug über das Gebiet. Das stört hier aber niemanden. Im Gegenteil, es ist Teil der besonderen Atmosphäre des Strandes.

Übernachten

Jet Apartments

Hier ist man auf Clubber eingestellt. Selbstverständlich gibt es mehrere Pools und Bars mit eigenen Hotel-Partys, aber auch ein Tattoo- und Piercing-Studio (für bleibende Ibiza-Erinnerungen), Friseur, Supermarkt, Wäscherei und Internet-Café.

Der Party-Strand schlechthin: Platja d´en Bossa

Jet Apartments
Tel. +34 971/305 972
info@jetibiza.com
www.ibizajetapartments.com

Apartamentos Sal Rossa
Praktisch eingerichtete Apartments mit Küche, Bad, Wohnzimmer mit Schlafsofa und Schlafzimmer mit zwei Betten; ideal nicht nur für Familien, sondern auch für kleine Gruppen.

Apartamentos Sal Rossa
Tel. +34 971/306 449
reservas@salrossa.com
www.salrossa.com

Grand Palladium White Island Resort & Spa
Neue 5-Sterne-Hotelanlage in erster Reihe am Strand und im Naturschutzgebiet. Es gibt Doppel-, Dreibett- und Vierbettzimmer. Pool, Snackbar, Animationsprogramm für Kinder.

Grand Palladium
White Island Resort & Spa
Tel. +34 971/396 717
www.palladiumhotelgroup.com

Strandbars und Beachclubs

Ushuaïa Beachhotel
Seit seiner Eröffnung im Jahr 2011 der Star an der Platja d'en Bossa. Das Hotel mit integriertem Beachclub beherbergt viel Beton im Urban Chic, den Ushuaïa Tower mit Sky Lounge im achten Stockwerk, eine großzügige Poollandschaft im Innenhof und eine gigantische Open-air-Bühne. Für die Shows werden internationale DJs und hochprofessionelle Tänzer aufgefahren, genauso wie Videoprojektionen, Lasershows und alles, was das Multimedia-Equipment noch so hergibt. Los geht es bereits am späten Nachmittag, gefeiert wird bis Mitternacht. Danach zieht man in einen anderen Club weiter oder fällt selig in sein Hotelbett.

Ushuaïa Beachhotel
www.ushuaiabeachhotel.com

Bora Bora Beachclub
Das Bora Bora hat bei weitem nicht die Ausmaße, die der Ushuaïa-Komplex hat. Dafür ist die

Strandbar ein echter Klassiker auf der Insel. Während die einen sich noch von der Nacht zuvor erholen und sich auf ihren Liegen sonnen, sind die anderen schon wieder in Feierlaune und amüsieren sich rund um Bar und Pool. Das Bora Bora hat mittlerweile etwas an Glanz verloren, vor allem weil die Konkurrenz nicht geschlafen hat und zahlreiche Strandbars rund herum eröffnet haben. Dennoch sei Ibiza-Neulingen ein Besuch ausdrücklich empfohlen.

Bora Bora Beachclub
Tel. +34 971/303 786
borabora@boraboraibiza.net
www.boraboraibiza.net

Sands Beach Bar
Sehr in! Hat dem Bora Bora vielleicht sogar schon den Rang abgelaufen. Außer den obligatorischen weißen Sonnenliegen gibt es auch eine ausgefallene Speisekarte und delikat zubereitetes Essen. In den Sommermonaten immer wieder Partys.

Sands Beach Bar
www.sandsibiza.com

Nassau Beachclub
Etwas weiter die Platja d'en Bossa runter. Im Restaurant der Strandbar wird exquisite mediterrane und asiatische Küche serviert. Alles sehr schick, alles nicht ganz billig, aber atmosphärisch top.

Nassau Beachclub
www.nassaubeachclub.com

Coco Beachclub
Ebenfalls sehr in, ganz am Ende der Platja d'en Bossa. Von den Liegen aus hat man einen herrlichen Blick aufs Wasser und den alten Wehrturm Sal den Rossa.

Coco Beachclub
www.cocobeachibiza.com

Clubs

Space
Einer der bekanntesten Dance-Tempel an der Platja d'en Bossa und berühmt für seine Dachterrasse. In den frühen Morgenstunden, wenn die Sonne aufgeht und das erste Tageslicht am Horizont zu sehen ist, feiert es sich hier besonders

Vor dem Nassau Beachclub thront die Statue eines Balearen Laufhundes

schön. Der Club wurde 1989 von Pep Rosello gegründet. Früher öffnete er erst morgens um sechs, wenn die anderen Club schon schlossen. Mittlerweile haben sich die behördlichen Regelungen geändert und das Space öffnet am Abend oder um Mitternacht. Geblieben ist der Ruhm des Clubs, sein exzellentes Line-up an DJs und das glückliche Gefühl, hier bis zum Morgengrauen zu feiern.

Space
www.spaceibiza.com

DC10

Wer zum Feiern hierher kommt, ist nicht auf der Suche nach irgendeiner Party, auf der es sich nett rumstehen lässt, sondern ist Szene-Insider und weiß, was es hier gibt: erstklassigen Underground Techno mit exzessiver Party. Dementsprechend macht das DC10, das in einem ehemaligen Flugzeug-Hangar untergebracht ist, wenig bis gar keine Werbung. Am berühmtesten sind die Circoloco-Partys (immer montags), die schon seit den 1990ern stattfinden. Präsentiert werden internationale DJs abseits des Mainstreams, darunter auch vielversprechende New-Comer. Im Vergleich zu den anderen Clubs Ibizas sind Eintritt und Getränke geradezu günstig. Man gelangt zum DC10 über die Straße zu den Salinen, rechter Hand am Ende der Landebahn des Flughafens nicht zu verfehlen.

DC10
Carretera Salinas 1
www.facebook.com/
CIRCOLOCOATDC10

Sankeys

Genau wie das DC10 eine Underground-Location. Gemeinsam tanzen, schwitzen und ordentlich Techno auf die Ohren bekommen, das ist oberstes Ziel. Dementsprechend gibt es hier auch wenig Shows und Schnickschnack, sondern ausschließlich DJs, die ihr Handwerk verstehen. Das Original-Sankeys liegt in Manchester, 2011 eröffnete sein Pendant auf Ibiza an der Platja d´en Bossa.

Sankeys
Carrer de les Alzines s/n
www.sankeysibiza.info

SANT JORDI DE SES SALINES

Der kleine Ort Sant Jordi de ses Salines liegt im Süden Ibizas, zwischen Eivissa und dem Flughafen von Ibiza. Sehenswert ist die zinnengekrönte Wehrkirche, die dem katalanischen Schutzheiligen, dem Heiligen George, geweiht ist. Ansonsten gibt es hier in erster Linie viel Durchgangsverkehr und einen Flohmarkt mit Second-hand-Ware, Kunsthandwerk und Krimskrams, der samstags auf der Pferderennbahn stattfindet. Südlich von Sant Jordi, unterhalb des Flughafens, liegen die Salinenfelder, die schon von den Karthagern zur Salzgewinnung genutzt wurden. Ein Teil davon wird heute noch genutzt, etwa 40.000 Tonnen Salz pro Jahr werden hier gewonnen. Rund um die Salinen befindet sich ein Naturschutzgebiet, das Stelzenläufern, Reihern, Fischadlern und Flamingos ein perfektes Futterareal bietet. Hier liegen auch zwei der schönsten Strände Ibizas: die Platja de ses Salines und die Platja des Cavallet.

Strände

Platja de ses Salines (Las Salinas)

Schöner kann ein Strand gar nicht sein: feiner heller Sand, umgeben von pinienbewachsenen Dünen mit flachem Wasserzugang. Zu sehen sind sehr reiche und sehr schöne Menschen, meist nur sehr knapp bekleidet. Seinen Cocktail direkt an die Liege serviert bekommt man in den berühmten Strandbars Malibu (die exklusivste), Jockey Club (auch als Nachtclub ideal) und Sa Trinxa (immer gute Musik).

Am westlichen Ende des Stran-

Der Platja de ses Salines wird auch Las Salinas genannt

des treffen sich die FKKler, Hippie-Familien und Partypeople. Am östlichen Ende des Strandes steht der Leuchtturm Torre de ses Portes, ein perfektes Ziel für einen Strandspaziergang entlang der Wasserkante.

Der ganze Strand ist gut ausgeschildert, am besten fährt man bis zum Ende der Straße und parkt vor den beiden vorgelagerten Restaurants. Wer zum Party-Platz rund um Sa Trinxa will, sollte am Kreisverkehr dem Schild zum Jockey Club folgen und auf dem großen Parkplatz dort parken. Von Eivissa aus verkehrt auch ein Bus.

Platja des Cavallet

Der Strand von Es Cavallet liegt gleich nebenan (auf der anderen Seite der Landzunge) und ist offizieller FKK-Strand. Hier ist Ibiza, wie es RTL2 so gerne zeigt: viel nackte Haut, wunderbare Dünenlandschaft und das schärfste Strand-Restaurant der Insel, das El Chiringuito. Kein anderes Haus ist bei jungen Menschen, die sich zeigen wollen, beliebter. Wer sich zu den Gays zählt, findet frischen Fisch in der eigenen Strandbar namens Chiringay, am südlichen Ende des Strandes. Wenn genug Wind ist, gibt es hohe Wellen und perfekte Bedingungen für Surfer.

Ein Volleyballfeld lädt am Platja des Cavallet zum Spielen ein

Der Süden

SANT JOSEP DE SA TALAIA

Die kleine Ortschaft Sant Josep de sa Talaia im Südwesten Ibizas besteht aus nur wenigen Häusern und Geschäften. Sie ist Sitz der gleichnamigen Gemeinde, die die größte und reichste Gemeinde der Insel ist. Seinen Namen verdankt der Ort dem benachbarten Sa Talaia, der mit 475 Meter die höchste Erhebung der Insel ist. Eine kleine Wanderung auf den Gipfel lohnt sich, denn von hier hat man einen tollen Blick über die Insel.

Übernachten

Los Jardines de Palerm
Ein romantisches Boutique-Hotel, untergebracht in einer renovierten Finca aus dem 17. Jh. Auf die Gäste warten neun liebevoll eingerichtete Zimmer, umgeben von einer Gartenanlage mit zwei kleinen Pools, Terrassen und exotischen Bäumen. Zwei Minuten zu Fuß ins Zentrum von Sant Josep.

Los Jardines de Palerm
Can Pujol d´en Cardona 34
Tel. +34 971/800 318
info@jardinesdepalerm.com
www.jardinesdepalerm.com

Kirche in Sant Josep de sa Talaia

Malerische Gasse in Sant Josep de sa Talaia

Essen und Trinken

Soul Kitchen

Geschmackvolles Interieur, ruhige Atmosphäre, exzellenter Service: Im Soul Kitchen sind all diejenigen gut aufgehoben, die einen geruhsamen Abend bei feinem Essen und gutem Wein verbringen wollen. An der Straße von Sant Josep nach Sant Antoni, ganz in der Nähe der kleinen Siedlung Sant Agustí des Vedrà.

Soul Kitchen
Carretera Sant Josep a
Sant Antoni km 5
Tel. +34 971/342 474
www.soulkitchen-ibiza.com

CALA JONDAL

Die Cala Jondal liegt neun Kilometer südlich von Sant Josep, zwischen dem Ferienort Porroig und der Landzunge Punta des Jondal, und hat sich zu einem der In-Treffpunkte der Inselszene entwickelt. Der Strand besteht aus Kieseln und Steinen, deshalb haben die Strandbars und Restaurants extra Sand für ihre Gäste aufgeschüttet. Wer etwas auf sich hält, kommt von einer der Luxusyachten, die in der Bucht ankern, per Wassertaxi herüber. Die Anfahrt klappt aber auch prima mit dem Auto.

Strandbars

Blue Marlin

Einer der bekanntesten Beachclubs Ibizas. Zu sehen gibt es jede Menge Hermes- und Goyard-Taschen, dazu die Gesichter von Models, Sportlern, Popstars und Prominenten. Die Speisen sind exquisit und hübsch teuer. Angesagt sind die Live-Konzerte und Partys mit internationalen DJs, die bis in die frühen Morgenstunden dauern.

Blue Marlin
Tel. +34 971/410 117
www.bluemarlinibiza.com
Geöffnet von 10–3 Uhr

Der Steinstrand von Cala Jondal in der Abendsonne

CALA D'HORT

Die Cala d´Hort liegt ganz im Westen Ibizas in einer kleinen Bucht, malerisch eingerahmt von hohen, schützenden Felsklippen. Nicht der eigentliche Strand ist ihr Hauptanziehungspunkt, denn dieser ist gerade mal etwas über hundert Meter lang, schmal und bietet neben feinstem Sand fast genauso viele Steine und Kies und ist sicher nicht einer der reizvollsten Ibizas. Der Grund für die magische Anziehungskraft der Cala d´Hort liegt direkt vor der Küste. Es ist das Panorama bzw. der erhabene Blick auf die mythisch anmutenden Felseninseln Es Vedranell und Es Vedrà – eine grandiose und einzigartige Kulisse! Nicht verwunderlich, dass sich um die beiden archaisch aus dem Meer ragenden, unbewohnten Inseln Legenden ranken und sie auch unter dem Namen „Dracheninseln" fungieren. Besonders im Licht der Abenddämmerung und der am Horizont über dem Meer verglühenden Sonne ist die mystische Stimmung vollkommen.

Kaum Unterwasserströmungen und ein flacher Einstieg erlauben ein unbedenkliches Baden, das kristallklare Wasser tut sein Übriges für einen angenehmen Strandaufenthalt. Direkt oberhalb der Strandzone ist beim Restaurant um die Mittagszeit der Kampf um die freien Plätze angesagt. Man erreicht die Cala d'Hort über den Ferienort Cala Vadella auf gut befahrbaren Schotterwegen. Die zum Schluss hin sehr steile Zufahrtsstraße ist im Sommer tagsüber völlig zugeparkt. Wer ungern weite Wege geht, sollte schon frühmorgens hierher kommen, wer es noch bequemer haben möchte, kommt mit dem Boot in die Bucht.

Essen und Trinken

Es Boldado

Über eine 1,5 Kilometer lange, staubige Piste gelangt man hinunter zum Restaurant Es Boldado an der Cala d´Hort. Eine atemberaubende Sicht über das Wasser hinüber zur Felseninsel Es Vedrà machen die Anfahrt lohnenswert.

Die Cala d´Hort bietet einen wundervollen Ausblick auf die Felseninseln Es Vedranell und Es Vedrà

Im Es Baldado gibt es frischen Fisch und Paella vom Feinsten. Unbedingt vorher reservieren, denn der frühere „Geheimtipp" hat sich längst rumgesprochen.

Es Boldado
Camí de Cala d´Hort
Tel. +34 626/494 537
www.restauranteboldado.com

Übernachten

Apartment Hotel Petunia
Ein wunderschönes Apartment-Hotel mit traumhaftem Blick auf das Meer und die Felseninsel Es Vedrà. Die Apartments sind liebevoll eingerichtet im orientalischen Stil; zwei bis sechs Personen haben hier Platz. Außerdem gibt es ein kleines Restaurant, einen Pool, einen Minimarkt und diverse Gesundheitsangebote (Yoga, Massage, Wohlfühlseminare). Familien sind willkommen.

Apartment Hotel Petunia
Carrer de sa Pala Marina
info@petunia-ibiza.de
www.petunia-ibiza.de

CALA VADELLA

Der 200 Meter lange Sandstrand liegt in einer hufeisenförmigen, durch felsige Steilhänge geschützten Bucht, in der man wunderbar baden kann, weil hier kaum Wellengang und keine gefährliche Strömungen vorherrschen und der unmittelbare Uferbereich sehr seicht ist, so dass man relativ weit hinaus laufen kann, ohne festen Boden unter den Füßen zu verlieren. Aufgrund der natürlichen Voraussetzungen sind hier die obligatorischen Restaurants sowie Tauchschulen, Jetski- und Tretbootverleih vor Ort vertreten. Oberhalb der Steilhänge eröffnet sich ein weiter, herrlicher Blick aufs Meer. In der Bucht ankern zahlreiche Segelyachten und Motorboote, vor allem abends.

Übernachten

Aparthotel Puerto Cala Vedella
Ferienanlage ganz in der Nähe des Strandes mit Apartments für bis zu fünf Personen, ausgestattet mit Schlafzimmer, Bad, Küche und Wohnzimmer. Kein besonderer Luxus, aber es ist alles Notwendige vorhanden: Restaurant, Cafeteria, Supermarkt, Pool und Kinderplanschbecken.

Aparthotel Puerto Cala Vedella
Carrer Castelldefels 3
Tel. +34 971/808 013
puertoinfo@puertovadella.com
www.hotelcalavedella.com

Hotel Village
Das kleine Vier-Sterne-Hotel mit familiärer Atmosphäre, etwas oberhalb der Bucht gelegen, bietet vier Doppelzimmer und vier Suiten, alle perfekt ausgestattet und in klarem Design, mal mit Bergblick, mal mit Meerblick. Der perfekte Ort für eine Auszeit.

Hotel Village
Carrer des Clot des Llamp 6
Tel. +34 971/808 001
info@hotel-village-ibiza.com
www.hotel-village-ibiza.com

Der Westen

SANT ANTONI DE PORTMANY

Sant Antoni de Portmany liegt im Nordwesten Ibizas an einer Bucht, die schon von den Römern als Naturhafen genutzt und geschätzt wurde. Sie nannten ihn „Portus Magnus" („Großer Hafen"). Später entwickelte sich Sant Antoni zu einem bedeutenden Fischerhafen Ibizas.

Damit ist es vorbei, seit Anfang der 1960er Jahre der Massentourismus hier Einzug gehalten hat. Unzählige Hotels, Restaurants, Strandbars und Clubs ziehen jedes Jahr ein überwiegend junges Publikum an, das vor allem eines im Sinn hat: Feiern, feiern, feiern... Insbesondere zur Hochsaison ist es in der Stadt laut und alles andere als beschaulich.

Berühmtberüchtigtes Partyziel ist das Viertel Westend, denn dort gibt es fast ausschließlich Bars, Kneipen und Clubs. Hierher kommen überwiegend britische Touristen, die sich nach allen Regeln der Kunst vollaufen lassen. Nicht minder feuchtfröhlich geht es auf dem Sunset Strip zu, dort reiht sich Strandbar an Strandbar, darunter das berühmte Café del Mar, wo der Sonnenuntergang mit Musik und Applaus gefeiert wird.

Ufersteg in Richtung Sant Antoni de Portmany

Neben der Strandpromenade verläuft der Passeig de ses Fonts, das Zentrum von Sant Antoni. Dort befinden sich Rathaus, Busbahnhof, Taxistand, Touristeninfo und unzählige Geschäfte. Sant Antoni hat einen eigenen Stadtstrand (S´Arenal), der zum Baden geeignet ist, da er sanft ins Meer abfällt und keine unberechenbaren Strömungen hat. Schöner sind aber die Buchten im näheren Umkreis der Stadt, z.B. Cala Salada, Cala Gració oder Cala Gracioneta.

Sehenswertes

Església de Sant Antoni

Der burgähnliche Kirchenbau stammt aus dem 14. Jh. und gilt als einer der ältesten der Insel. Auf einem kleinen Hügel landeinwärts der Küste errichtet, bot die Kirche Schutz vor Angreifern. Bis ins 19. Jh. hinein war sie mit Kanonen bestückt.

Església de Sant Antoni
Plaça de l´Església c/ Carrer Ample

Aquarium Cap Blanc

Nördlich von Sant Antoni befindet sich eine natürliche Höhle, die einen unterirdischen Salzwassersee beherbergt, der vom Meer gespeist wird. Einst diente er als Aufbewahrungsbecken für Fische und Meerestiere, die später auf dem Essteller landeten. Heute ist die Höhle als Aquarium für die Öffentlichkeit zugänglich. Bestaunt werden können Zackenbarsch, Katzenhai, Muränen und Rochen. Vor oder nach dem Rundgang durch die Höhle kann man im Terrassen-Café Platz nehmen.

Aquarium Cap Blanc
Carretera Cala Gració s/n
Tel. +34 663/945 475
crem@santantoni.net
www.aquariumcapblanc.com
1. Mai–31. Okt.: tägl. 10–22 Uhr,
Mai/Okt. bis 19 Uhr,
Nov.–April: Sa. 10–14 Uhr

Cova de Santa Agnès

An der Straße nach Santa Agnès (ca. 1,5 km nördlich von Sant Antoni) liegt auf einer Anhöhe diese kleine unterirdische Kapelle, die 1907 wiederentdeckt wurde. Das Alter des Heiligtums ist nach wie vor nicht geklärt; möglicherweise fanden hier bereits zu vorchristlichen Zeiten kultische Handlungen statt. Der Legende nach wurde in der Kapelle im 16. Jh. eine Holzstatue der Heiligen Agnes gefunden, die in die Pfarrkirche gebracht wurde. Dort verschwand sie, um erneut in der Höhle aufzutauchen. Achtung: Da die Kapelle in Privatbesitz ist, ist sie nicht immer der Öffentlichkeit zugänglich. Am besten vor Ort im Fremdenverkehrsamt nachfragen. C/. Can Germà; rechter Hand

Strandbars und Beachclubs

Café del Mar

Manche sagen, im Café del Mar wurde der Sonnenuntergang auf Ibiza erfunden. Das ist nicht ganz falsch, denn Gründer und Resident-DJ José Padilla war einer der ersten, der auf die Idee kam, sich mit zwei Plattenspielern an den Strand zu stellen und die hereinbrechende Nacht mit Musik zu begleiten. Seine „Sunset Sessions" wurden berühmt, immer mehr Menschen kamen, um dem ungewöhnlichen Ereignis beizuwohnen. Die untergehende Sonne wurde stets mit Applaus verabschiedet.

Obwohl es mittlerweile jede Menge Strandbars am Sunset Boulevard von Sant Antoni gibt, ist doch das Café del Mar der Treffpunkt schlechthin geblieben. Das weiße Haus im katalanischen Stil (gestaltet vom Künstler und Architekten Lluis Güell) öffnet schon am Vormittag. Es gibt Frühstück, Pizza, Sushi und kleine Snacks. Am frühen Abend starten dann die Pre-Partys, die das Nachtleben von Sant Antoni zum Pulsieren bringen.

Eröffnet wurde das Café del Mar 1980, weltweit bekannt wurde es durch seine House- und Chillout-Compilations, die heute im Plattenlabel Café del Mar Music fortgeführt werden.

Café del Mar
Carrer de Vara del Rey 29
Tel. +34 648/978 566
www.cafedelmarmusic.com

Café Mambo

Direkt neben dem Café del Mar und ebenfalls eine Institution im Tages- und Nachtleben von Sant Antoni. Es summt und vibriert, es wird getrunken, geredet, geflirtet und gelacht. In der familiären und entspannten Atmosphäre legen immer wieder internationale DJs auf, denen man näher nicht kommen könnte.

Café Mambo
Carrer de Vara de Rey 3
Tel. +34 971/346 638
www.cafemamboibiza.com

The Golden Buddah

Ein Chillout-Restaurant im chinesischen Look an der Cala des Moro, vom Café del Mar aus zu erreichen über die Küstenpromenade Richtung Norden. Keine schlechte Alternative zu den überlaufenen Locations, denn der Sonnenuntergang ist überall in Sant Antoni gleich schön.

The Golden Buddah
Carrer de Santa Rosalia 35
Tel. +34 971/345 633
www.goldenbuddhaibiza.com

Kumharas

Ein alter Wehrturm am Strand, der zur stylischen Sunset-Bar umfunktioniert wurde. Ab und an spielen Bands und Songwriter, ein bunter Mix durch alle Stilrichtungen und Kulturen, manchmal legen DJs auf. Es gibt verschiedene Sitzecken und Lounges und einen kleinen Hippie-Bazar, auf dem man Klamotten und Krimskram kaufen kann.

Kumharas
Carrer Lugo 1
Tel. +34 971/805 740
www.kumharas.org

Ocean Beach Ibiza

Daytime-Clubbing vom Feinsten: Das Ocean Beach Ibiza wurde 2012 eröffnet und ist seitdem bei Urlaubern und VIP-Gästen beliebt. Man kann im Pool schwimmen, bei Massagen entspannen, im Restaurant auf der Dachterrasse dinieren oder tanzen. Ganz dekadent geht es bei den Ibiza-Spray-Partys am letzten Wochenende eines jeden Monats zu: Die feiernde Menge badet in Champagner.

Ocean Beach Ibiza
Carrer des Molí 7
Tel. +34 666/118 069
www.oceanbeachibiza.com

Clubs

Es Paradis

Einer der stilvollsten Clubs in Sant Antoni mit Interieur ganz in Weiß und Pool in der Mitte der Tanzfläche. Schon seit 1975 gibt es das Es Paradis. Gegründet wurde er von Pepe Aguirre zusammen mit Lluís Güell, der auch schon dem Café del Mar zu Ruhm verhalt. Da er von der Größe her überschaubar ist, eignet er sich zum Flirten und Leute kennenlernen. Legendär ist das Es Paradis für seine Wasserpartys, die immer dienstags über die Bühne gehen. Die tanzende Menge bekommt Wasserstrahlen von allen Seiten verpasst und Tänzerinnen im Bikini spritzen mit Wasserpistolen. Ein großer Spaß und eine willkommene Abkühlung!

Es Paradis
Carrer Salvador Espriu 2
Tel. +34 971/346 600
www.esparadis.com

Gatecrasher

Das berühmte Eden hat 2013 einen neuen Namen und ein neues Gesicht verpasst bekommen. Der Club wurde von der Entertainmentkette Gatecrasher übernommen und für viele Millionen Euro renoviert und modernisiert. Das hat sich gelohnt: Sound, Licht und Design sind top, der Mainfloor ist riesig, die neue DJ-Kabine schwebt über der Tanzfläche und vom Balkon hat man einen tollen Blick auf die Menge. Das Gatecrasher liegt direkt an der Hafenpromenade von Sant Antoni.

Gatecrasher
Carrer Salvador Espriu 4
www.gatecrasher.com/venues/ibiza

Benimussa Park – Gala Night

Im Benimussa Park (außerhalb von Sant Antoni) finden die vermutlich abgefahrensten Outdoor-Partys der Insel statt. Bespielt wird das Areal vom Zoo Projekt, das Elektro und House serviert. Dazu gibt es Tänzer/innen in Giraffen-, Zebra und Schlangenkostümen und Bodypainter, die die Gäste bemalen (im Ticket enthalten). Dem Hörensagen nach befand sich auf dem Gelände früher ein Zoo. Das stimmt leider nicht, einst gab es hier ein Restaurant mit einigen wenigen Tiergehegen. Dafür kann man heute im Leoparden-Bikini tanzen oder sich am Seehundbecken mit einem Drink räkeln.

Benimussa Park – Gala Night
Carrer del Romaní
Tel. +34 971/340 034
www.benimussapark.com

Ibiza Rocks Hotel
Eine ebenfalls spektakuläre Partylocation etwas außerhalb von Sant Antoni: Ob Club, in dem man auch übernachten kann, oder Hotel, in dem man auch feiern kann – so genau lässt sich das nicht sagen. Im Innenhof befindet sich der Pool mitsamt riesiger Open-air-Bühne. Wer hier eine Suite gemietet hat, kann vom eigenen Balkon aus Rock-Konzerte erleben und mit Freunden feiern. 2008 wurde das Ibiza Rocks Hotel eröffnet, seitdem waren internationale Größen wie zum Beispiel The Prodigy, The Streets, Calvin Harris, LCD Soundsystem und Florence & the Machine zu Gast.

Ibiza Rocks Hotel
Carrer Cervantes 27
Tel. +34 971/344 092
www.ibizarocks.com

Übernachten

Ibiza Rocks House at Pikes Hotel
Hier ist der Rock ´n´ Roll zu Hause: George Michael drehte einst ein Musikvideo am Pool, Freddie Mercury feierte hier seinen 41. Geburtstag. Die ehemalige Finca wurde 1978 von Anthony Pikes in ein Boutique-Hotel umgebaut und war bekannt für hedonistische Partys. Heute führt hier die Entertainmentfirma Ibiza Rocks Regie und das Ergebnis ist nach wie vor exklusiv: stylische, komplett unterschiedlich eingerichtete Zimmer, ein berühmtes Restaurant (Room 39), eine Poolanlage mit Bar für exklusive Privatpartys ... Im Juli und August kaum erschwinglich.

Ibiza Rocks House at Pikes Hotel
Camino Sa Vorera 30
Tel. +34 971/342 222
reservations@
ibizarockshouse.com
www.ibizarocks.com

Bellamar Hotel Beach & Spa

Ein Vier-Sterne-Hotel in dezentraler Lage mit tollem Blick auf die Bucht von Sant Antoni. Die komfortabel eingerichteten Einzel- und Doppelzimmer verfügen über Terrasse, Bad, TV, Safe, Minibar und kostenloses WLAN. Außerdem gibt es einen Fitnessraum, Konferenzräume, Autovermietung, zwei Restaurants und einen schönen Außenpool mit Terrasse. Im Spa laden Sauna, Pools und Massagen zu Entspannung ein.

Bellamar Hotel Beach & Spa
Carrer de S´Espartar 2
Tel. +34 971/340 101
bellamar@emsahotels.com
www.bellamarhotel.com

Marina Playa Apartments

Die Anlage verfügt über 42 superstylische und geräumige Apartments mit Schlafzimmer, Bad, Küche und Terrasse. Sie liegt gegenüber von Es Puet, einem kleinen Sandstrand in der Bucht von Sant Antoni. Der Service ist freundlich, der Sonnenuntergang auf der Restaurantterrasse wunderschön.

Marina Playa Apartments
Carrer Àlava 3
Tel. +34 971/332 251
servituribiza.com/en/hotels/
aparthotel-marina-playa

azuLine Hotels Mar Amantis

Eine Hotelanlage mit zwei Häusern und mehr als 270 Zimmern in der Bucht von San Antoni. Die Zimmer sind einfach eingerichtet, aber günstig. Familien mit Kinder sind willkommen, allerdings trifft man auch hier mitunter britische Jugendliche im Partymodus.

azuLine Hotel Mar Amantis
Carretera Port d´es Torrent s/n
Apdo Correos 600
Tel. +34 971/344 170
reservas.maramantis@
azulinehotels.com
www.azulinehotels.com

Marian Apartments
Das Geld, das man hier spart, kann man im wilden Nachtleben von Sant Antoni ausgeben. Die Apartments verfügen über Schlafzimmer, Bad, Wohnzimmer mit Küchenzeile und sind mit allem ausgestattet, was notwendig ist. Pool und Restaurant vorhanden, was braucht man mehr?

Marian Apartments
Carrer Alacant 28
Tel. +34 971/342 750
www.marianibiza.com

Hostal Tarba
Ein Ort für alle, die nur ein Bett zum Schlafen wollen und sonst keinen großen Luxus erwarten. Die 65 Zimmer des Familienbe-

Boote im Hafen von Sant Antoni de Portmany

triebs sind einfach, aber akzeptabel eingerichtet und gewähren einen unspektakulären, gediegenen Aufenthalt. Pool, kleiner Supermarkt, Autoverleih und Cafeteria vorhanden. Sehr zentral gelegen, nur wenige Meter zum Busbahnhof.

Hostal Tarba
Carrer Ramon y Cajal 20
Tel. +34 971/340 216
info@hostaltarba.com
www.hostaltarba.com

Essen und Trinken

Rias Baixes

Die unauffällige Fassade und das gewöhnliche Interieur sollte die lukullische Vorfreude nicht im Keim ersticken: Denn das Essen hier schmeckt vorzüglich! Regionale Küche mitten in Sant Antoni.

Rias Baixes
Carrer Ignasi Riquer 2
Tel. +34 971/340 018

The Skinny Kitchen

Prenzlauer-Berg-Feeling im Herzen von Sant Antoni: Serviert werden vegetarische und vegane Wraps und Burger, die Gerichte stehen in Handschrift auf einer schwarzen Tafel. Statt Teller gibt es Holzbretter und die Potatoes werden in kleinen Blecheimerchen gebracht. Lecker und gesund.

The Skinny Kitchen
Carrer General Prim 8
Tel. +34 692/054 836
www.facebook.com/
skinnykitchenibiza

Sa Prensa

Ein echt spanisches Restaurant mit ungekünsteltem Ambiente. Die Küche ist seit Jahrzehnten beständig gut!

Sa Prensa
Carrer del General Prim 6
Tel. +34 971/341 670

Relish Restaurant & Lounge Bar

Das Relish nennt sich selbst ein „funky little restaurant" – und das ist es wohl auch. Es gibt Salate, Burger, Pasta und Pizza, alles recht günstig und gut.

Relish Restaurant & Lounge Bar
Calle Rioja 13
Tel. +34 971/345 913
www.relishrestaurantibiza.com

El Rincón de Pepe

Existiert schon seit den 1960ern und macht nach wie vor unschlagbar leckere Tapas. In der Fußgängerzone von Sant Antoni.

El Rincón de Pepe
Carrer de Sant Mateu 7
Tel. +34 971/340 697
www.rincondepepe.net

Es Pi d'Or

Von der Vorspeise bis zur Nachspeise ein Gedicht! Fisch, Meeresfrüchte und Fleischspezialitäten werden aus Galicien eingeflogen – dennoch sind die Preise völlig in Ordnung. Ein paar Kilometer nordwestlich von Sant Antoni an der Cala Gració mit wundervollem Blick aufs Meer.

Es Pi d'Or
Carretera Cap Negret s/n
Tel. +34 971/346 454
www.espidor.com

Strände

Cala Bassa

Die Cala Bassa ist das hübscheste Fleckchen im stark bevölkerten Gebiet um Sant Antoni. Für Naturfreunde nur ein Tipp, wenn nicht gerade Juli oder Au-

Die Cala Bassa

Die Cala Conta

gust ist. Denn in der Hochsaison verwandelt sich die per se pittoreske Naturszenerie mit den kontrastreichen Pinienwäldern im Hintergrund zur hoffnungslos überfüllten Badewanne, um die sich die Badegäste samt unzähliger Sonnenschirme dicht an dicht drängen. Die Bucht kann man mit Bus, Boot oder Auto (20 Min. ab Sant Antoni) erreichen. Zum gut 250 Meter langen Strand führen Holzstege, die auch mit Rollstuhl und Kinderwagen befahrbar sind. Der Strand fällt flach ins Wasser ab und man kann schön weit hinauswaten. Zwei Restaurants und einige Strandbars sorgen für das leibliche Wohl. Am Strand gibt es Sonnenliegen, Tretboote und Jetskis zu leihen.

Cala Conta

Die Cala Conta – auch unter dem Namen „Platges de Comte" bekannt – schart sich im Westen Ibizas um ein sich flach zum Meer hin senkendes Felsplateau und läuft in einer markanten Spitze aus. Von hier aus hat man einen weiten Blick auf die Illa des Bosc und andere kleinere Felseninseln, die der Küste vorgelagert sind. Die Bucht erreicht man per Fähre ab Sant Antoni und mit dem Auto. Die Cala Conta ist kein Ort für Strandromantiker – viele englische Urlauber, junges Publikum, mit Liegen, Sonnenschirmen und Handtüchern en masse bestückte Familien. Einige Strandbars mit Chill-out-Musik, ferienreife Sonnenuntergänge.

SANT RAFEL DE FORCA

Der kleine Ort Sant Rafel liegt an der Schnellstraße zwischen Eivissa und Sant Antoni de Portmany, zu dessen Gemeindegebiet er gehört. Früher gab es hier zahlreiche Töpferwerkstätten, geblieben sind einige wenige Manufakturen, in denen man Unikate aus Ton erwerben kann. Im Ort gibt es außerdem eine kleine Dorfkirche und einige Wohnhäuser, Bars und Restaurants. Berühmt bei Ravern und Instagramern ist Sant Rafel für seine beiden Clubs, das Privilege und das Amnesia, die zu den ältesten Party-Locations der Insel gehören.

Nachtleben

Privilege

Das Privilege ist im Guinnessbuch der Rekorde als die weltweit größte Diskothek verzeichnet. Bis zu 14.000 Menschen können hier trinken, tanzen und feiern. Von außen sieht das Gebäude aus wie ein eben gelandetes UFO auf den Hügeln von Sant Rafel. Der Mainfloor ist so groß wie ein Fußballfeld und beherbergt einen Swimmingpool mitsamt Brücke, von wo aus die DJs den Massen einheizen. Rundherum gruppieren sich unzählige Floors und Areas, oben drüber gibt es eine gläserne Chill-out-Kuppel mit Blick in die Sterne.

Seine Anfänge feierte das Privilege in den 1970er und 1980er Jahren unter dem Namen KU. Damals setzte der Club mit dem Format „Manumission" Maßstäbe: Tanzshows mit erotischen Einlagen und Live-Sex in den frühen Morgenstunden. Heute ist der Glanz des Clubs ein wenig verblasst, nur noch selten sind alle Floors geöffnet, da nicht mehr genug Gäste kommen. Dennoch sollte man sich eine Nacht im Privilege nicht entgehen lassen: In einer unüberschaubaren Masse aus zuckenden Leibern zu tanzen und sich auf der Welle des irren Sounds tragen zu lassen – eine bombastische Erfahrung.

Privilege
www.privilegeibiza.com

Amnesia

Die Ausmaße des Clubs sind nicht ganz so gigantisch wie im Privilege, aber dennoch groß genug: Bis zu 5.000 Menschen können im Amnesia feiern. Im Mainroom wird meist Trance aufgelegt; jederzeit kann einen die berühmt-berüchtigte Eiskanone mit einem eisigen Luftstrahl treffen. Auf der überdachten Terrasse gibt es Elektro und House zu hören. Legendär sind die Schaumpartys am Samstag und Sonntag, die schon in den 1990ern populär waren und immer noch Tausende von feierwütigen Touristen anlocken.

Das Amnesia hat seine Anfänge in den 1970ern, zunächst auch als Konzertclub. Bob Marley, Led Zeppelin, David Bowie, Madonna, Bruce Springsteen und Prince traten hier auf. Mit Beginn der 1990er Jahre kam der Wechsel zu Trance, House und Techno. Heute sind mehrere Partyveranstalter vor Ort: Der Cocoon Club mit Sven Väth ist ebenso zu Gast wie das Label Armada mit Armin van Buuren, aber auch Größen wie Paul van Dyk, Marco V und Stefano Fontana treten auf. Bekannteste Partyqueen an den Plattentellern war in den letzten Jahren Paris Hilton. Say what?

Amnesia
www.amnesia.es

Übernachten

Agroturismo Can Lluc

Das Can Lluc ist eines der schönsten Fincahotels Ibizas in der ruhigen Inselmitte, in einem Tal zwei Kilometer außerhalb von Sant Rafel. Geboten werden mehrere Doppelzimmer mit Bad, Terrasse und kostenlosem WLAN sowie kleine Bungalows und Ferienwohnungen, in denen auch Familien unterkommen können. Drum herum gibt es eine herrliche Gartenanlage mit Pool, Sauna und Jacuzzi zum Entspannen. Auto von Vorteil!

Agroturismo Can Lluc
Carretera Sant Rafel a
Santa Agnès km 2
Tel. +34 971/198 673
info@canlluc.com
www.canlluc.com

Der Norden

PORT DE SANT MIQUEL

Der Touristenort Port de Sant Miquel ist wahrlich keine Schönheit. Wo früher die Fischer bescheiden ihrem Gewerbe nachgingen, hat längst die vereinigte Zunft der Hoteliers die Regentschaft angetreten, unterstützt von Architekten, die kostengünstig und stereotyp für ein schnelles, effektives Bauen zu sorgen hatten. So sind die Bausünden der Vergangenheit unübersehbar: Bars, Hotels und Restaurants wurden recht lieblos in die Gegend gestellt. Die Natur rund um die tief eingeschnittene Bucht, die an einen Fjord erinnert, präsentiert sich jedoch in wundervoller Schönheit. Bekannt ist die nahe gelegene Cala Benirràs, an deren Strand sich regelmäßig Trommler zum gemeinsamen Musizieren treffen.

Übernachten

Hotel Hacienda Na Xamena
Ein Luxushotel in atemberaubender Lage westlich von Port de

Der Strand von Port de Sant Miquel

Sant Miquel an der Bucht Na Xamena. Die Anlage liegt am Hang, 180 Meter über dem Wasser und ist von grünen Hügeln umgeben. Besonders spektakulär ist der Spa-Bereich: In den Fels wurden mehrere Pools übereinanderliegend gebaut, die über Wasserfälle miteinander verbunden sind. Von hier aus hat man einen wunderschönen Blick über die Bucht, ebenso wie auf den Außenterrassen des Restaurants. Bei Bedarf arrangiert das Personal Privatpartys, Yachtausflüge und andere Events.

Hotel Hacienda Na Xamena
Carrer Na Xamena s/n
Tel. +34 971/334 500
info@hotelhacienda-ibiza.com
www.hotelhacienda-ibiza.com

Sa Vinya d´en Palerm

Wer es etwas preisgünstiger mag und das Landesinnere nicht scheut, dem sei das Agroturismo-Hotel Sa Vinya d´en Palerm empfohlen (vier Kilometer südlich von Port de Sant Miquel in Sant Miquel de Balansat). Die Familie Palerm betreibt tatsächlich noch Landwirtschaft. Rund um ihre Finca gibt es Obstplantagen, Gemüsefelder, Weingärten und auch ein paar Tiere. Das ehemalige Kornlager und einige Ställe wurden in fünf Zimmer umgebaut, herrlich rustikal und gleichzeitig stilvoll. Die Familie kümmert sich herzlich um ihre Gäste und die Preise sind erschwinglich.

Sa Vinya d´en Palerm
Carrer de Rubio 193
Tel. +34 971/334 909
info@vinyadenpalerm.com
www.vinyadenpalerm.com

Ausflugsziele

Torre d'es Molar

Nicht entgehen lassen sollte man sich einen kurzen Spaziergang (ca. 25-30 Minuten) zum alten Wachtturm Torre d'es Molar. Von hier aus hat man eine tolle Aussicht auf die schroff abfallenden Felswände der Steilküste. Manchmal ist der Turm auch für Besucher geöffnet und man kann über eine steile Treppe nach oben kraxeln. Der Weg zum

Rotes Haus an der Cala de Benirràs. Im Hintergrund sieht man Es Cap Fernat

Wachtturm beginnt am Strand von Port de Sant Miquel und ist mit farbigen Markierungen ausgewiesen. Einige Abschnitte sind steil und steinig, aber das überwältigende Panorama am Ende entschädigt für alle Mühen.

Cala Benirràs

Die Cala Benirràs, etwa vier Kilometer nordöstlich von Port de Sant Miquel, ist eine der schönsten Buchten im Norden Ibizas. Sie ist noch fast unverbaut und hat einen 150 Meter langen Kieselstrand mit herrlich klarem Wasser, das durch den steinigen Untergrund beim Einstieg kaum durch Sandverwirbelungen getrübt wird. Die Aussicht auf die Steilküste ist traumhaft und das Panorama erhält seinen zusätzlichen Reiz durch den steil aus dem Wasser ragenden Felsklotz Es Cap Fernat, der ob seiner Form den Kosenamen „Finger Gottes" erhielt. Am Strand gibt es mehrere Bars und Restaurants und einen Liegestuhl- und Sonnenschirmverleih.

Berühmt ist die Bucht für die Zusammenkünfte, die hier stattfinden: Die letzten Erben der Hippiekultur versammeln sich und trommeln, während die Sonne am Horizont verschwindet, und trommeln, während der Vollmond die Bucht in ein kühles Licht taucht, einige gar bis zum Morgengrauen. Früher trafen sich die Trommler einmal jährlich am 28. August zur Fiesta de los tambores, einem Fest, das mehrere Tausend Menschen anlockte. Heute finden die Trommelkonzerte informell den Sommer über an den Sonntagabenden statt – eine Reminiszenz an die vergangenen Zeiten. Die eigentliche Fiesta de los tambores findet schon seit Jahren nicht mehr statt, nachdem es zu Unfällen mit schwerwiegenden Konsequenzen gekommen war. Auch die Küstenlandschaft wurde durch Busch- und Waldbrände in Mitleidenschaft gezogen.

Die Cala Benirràs erreicht man von Port de Sant Miquel über eine schmale, asphaltierte Straße, die sich entlang der Küste über eine Anhöhe schlängelt. Die Parkplätze an der Bucht sind während der Hochsaison an Wochenenden meist restlos belegt.

Cova de Can Marçà

Die Tropfsteinhöhle am östlichen Rand der Bucht von Port de Sant Miquel ist mehr als 100.000 Jahre alt und wurde für Touristen begehbar gemacht. Farbig angestrahlt, bilden die Höhlenräume mit bizarren Gesteinsformationen eine faszinierende Unterwelt, die in rund 40-minütigen Führungen erkundet werden kann. Höhepunkt des Rundgangs ist ein künstlicher Wasserfall, der zeigt, wo einst unterirdische Wasserläufe waren. Schönes Detail: Die Cova de Can Marçà wurde von Schmugglern als Lagerstätte für Tabak und Schnaps benutzt. Noch heute sieht man Markierungen an den Wänden, mit denen sie sich orientierten.

Cova de Can Marçà
Apartado de Correos 25
Sant Joan de Labritja
Tel. +34 971/334 776
www.covadecanmarsa.com
Führungen (€ 11):
Mai–Oktober:
tägl. 10.30–13:30, 14.30–20 Uhr,
November–April:
tägl. 11–17.30 Uhr

Stalaktiten und Stalagmiten in der Cova de Can Marçà

Die Kirche von Santa Gertrudis de Fruitera

Sant Miquel

Sant Miquel ist ein kleines Kaff mit eher bescheidenen Reizen ein paar Kilometer südlich von Port de Sant Miquel im Landesinneren. Gut, hier gibt es eine ganz hübsche, weiße Kirche, doch eigentlich hat das Dorf nichts zu bieten. Aber man hat im Tourismus-Programm der Insel eine kleine Marktlücke entdeckt. Von Anfang Juni bis Ende September finden sich donnerstagabends ab 18 Uhr die lokalen Folkloregruppen auf dem Kirchenvorplatz ein. Gekleidet in typische ibizenkische Trachten drehen sich Männer und Frauen im Takt und führen für die Schaulustigen traditionell ibizenkische Tänze auf. Das kann man sich durchaus mal ansehen.

Santa Gertrudis de Fruitera

Auf halbem Weg zwischen Eivissa und Port de Sant Miquel liegt das kleine Dörfchen Santa Gertrudis, das vermutlich keinerlei Bedeutung hätte, wenn es nicht etliche ausländische Residenten für sich entdeckt hätten. Sie haben Cafés und Restaurants mit alternativem Schick eröffnet und einige originelle Läden, in denen es Bücher, Möbel, Leder, Antiquitäten und anderen Schnickschnack zu kaufen gibt. Für einen Ausflug zum Schauen und Stöbern sehr nett!

PORTINATX

Im äußersten Nordosten Ibizas hat sich Portinatx vom einst abgeschiedenen Fischer- und Hafenort zum Inbegriff aller Träume eines gediegenen Pauschalurlaubs entwickelt. Geblieben ist die Abgeschiedenheit von den Brennpunkten der Insel und Hotspots der Nacht, denn es gibt nur eine kleine Stichstraße, über die man zu dieser abgelegenen Destination gelangt. Dosiert in die Pinien- und Hügellandschaft des Nordens hineingebaut, vermag die Agglomeration von Urlauberclubs, Luxushotels und einfachen Hostales ästhetisch geübten Betrachtern nur einen moderaten Schrecken einzujagen. Nichts gegen das Wonnegefühl, das Pauschalurlauber vom Frühstücksbuffet zum Strand und schließlich wieder zurück ins Hotel den Tag über begleitet. In Portinatx ist die routiniert-geregelte Urlauberwelt noch in Ordnung. Nur gelegentlich mag Spannung aufkommen, wenn es darum geht, ob nun britische oder teutonische Gäste vor Ort

Der Strand von Portinatx

Diese Bordeaux-Dogge schützt das Anwesen seiner Herrchen

Recht felsig ist es an der Cala Xarraca

die Oberhand innehaben. Den Bewohnern in den versteckt gelegenen weißen Villen und von scharfen Hunden bewachten Fincas ist das, gelinde gesagt, egal.

Portinatx kann im unmittelbaren Ortsbereich gleich mit drei Stränden aufwarten. Allesamt fallen sie nur flach ins Meer ab und sind weitgehend strömungsarm – also bestens geeignet für Familien mit Kindern, für die an einer Stelle ein kleiner „Badepark" mit Rutschen errichtet wurde. Auch sonst bieten die beiden Strände S'Arenal Gran und S'Arenal Petit den notwendigen Strandrummel, um die Tage mit kurzweiligen Beschäftigungen auszufüllen. Ursprünglicher ist die kleine Platja Es Port, zu der man in der von Felsen umschlossenen Cala Es Port am Ende der Durchgangsstraße gelangt, wo sich noch traditionelle Bootsanleger und -schuppen sowie touristische Fisch- und Terrassenlokale befinden. Um einer Überdosis an pauschalem Urlaubsglück zu entfliehen, bietet sich westlich von Portinatx inmitten der schroffen Steilküste die felsige Cala Xarraca an.

Übernachten

La Ciguena

Einzel-, Doppel- und Superior-Zimmer zu recht erschwinglichen Preisen. Pool, Restaurant und Snackbar sind vorhanden, Highlight ist der Strand mit feinstem Sand und blauem Wasser. Perfekt für Sonnenanbeter und Badenixen.

La Ciguena
Carrer Calo des Forn 65
Tel. +34 971/320 614
www.laciguenya.com

Grupotel Oasis

Drei-Sterne-Hotel an der Bucht von Portinatx, zu Fuß sind es einige hundert Meter zum Strand. Buchen kann man Einzel- und Doppelzimmer sowie Studios mit zwei Einzelbetten, einem Schlafsofa und Küche. TV, Safe, Telefon und Klimaanlage vorhanden, WLAN gebührenpflichtig.

Grupotel Oasis
Carrer de Sa Cala den Xuclar 31
Tel. +34 971/320 605
www.grupotel.com

SANT JOAN DE LABRITJA

Im kleinen Ort Sant Joan de Labritja geht es gemütlich und irgendwie alternativ zu: Im Café gibt es vegetarische Burger, in den kleinen Geschäften werden Batiktücher und Kleider verkauft. Da die Ortschaft auch gleichzeitig Sitz der Gemeinde ist, gibt es ein Rathaus und etliche Bars, die abends die Einheimischen aus dem umliegenden Land (darunter zahlreiche Residenten) anziehen. Rund um den Ort liegen etliche Finca-Hotels, die Erholung und Entspannung in abgeschiedener Atmosphäre versprechen.

Weiße Kirche in Sant Joan de Labritja

Strände

Cala Xarraca

Die schöne, tief ins Landesinnere gezogene Bucht liegt im Norden Ibizas, wenige Kilometer nördlich von Sant Joan. Obwohl selbst diese Gegend inzwischen in der Saison recht überlaufen ist, bleibt die Cala Xarraca noch recht originell und abgeschieden. Der Strand ist klein und schmal mit schwerem, grobkörnigem, dunklem und von Steinen durchsetztem Sand. Dafür aber mit romantischer Atmosphäre mit Blick auf das kristallklare Wasser.

Cala Xarraca

Übernachten

Can Fuster

Eine kleine, restaurierte Finca am Ortseingang von Sant Joan mit einem Einzelzimmer, sechs Doppelzimmern und einer Suite. Die Zimmer sind im Gegensatz zu anderen Agroturismo-Unterkünften auf Ibiza geradezu schlicht gehalten, dafür selbst zur Hochsaison erschwinglich. Von hier aus ist man schnell auf einer der sieben ausgewiesenen Wanderrouten der Gegend, aber auch mit dem Auto schnell am Strand.

Can Fuster
Lugar Venda de Ca´s Ripolls 1
Tel. +34 971/337 305
info@canfuster.com, www.
hotelruralibizacanfuster.com

Agroturismo Can Gall

Eine 200 Jahre alte Finca südlich von Sant Joan, drum herum Mandel- und Olivenbäume. Innen weiß getünchte, rustikal verputzte Wände und viel Holz. Drei Bars, ein Restaurant und ein großer Pool garantieren Erholung und Entspannung pur. Das Personal arrangiert auch Hochzeiten.

Agroturismo Can Gall
Lugar Venda de Porrals 17
Tel. +34 971/337 031
www.agrocangall.com

Der Osten

SANTA EULÀRIA DES RIU

Unter den rund 8.000 Einwohnern Santa Eulàrias sind viele Einwanderer aus westeuropäischen Ländern, vor allem Deutsche und Briten. Die Stadt bzw. das Dorf mit einigen Bauern- und Fischerhütten entstand Ende des 16. Jh.s um die Wehrkirche Església Es Puig de Missa am einzigen Fluss der Insel, dem Ríu Santa Eulària. Heute ist das Flussbett weitgehend ausgetrocknet. Nur ein kleiner, träger Bachlauf ist geblieben, der sich südwestlich des Ortes ins Meer schlängelt. Dafür erfolgte in der touristischen Moderne eine rasante Entwicklung zur pulsierenden Boom Town – wie an vielen anderen Orten, wo Sonne, Meer und Strand die naturgegebene Basis für eine zukunftsträchtige Ferien-Destination bilden. Heute sind im Sommer weit mehr Touristen als Einwohner in der Stadt. Diese lockt mit einer inselweit bekannten, ganz passablen, langen Strandpromenade, einem exklusiven Yachthafen sowie einem regelmäßigen stattfindenden Hippie-Markt auf der Rambla. Dann platzen die Straßen aus allen Nähten und es gibt kaum mehr ein Durchkommen. Kulturell Interessierte und Freunde weitschweifender Blicke zieht es hinauf auf den Puig de Missa, den Kirchenhügel bzw. „Hügel der Messe", auf dessen Spitze die Wehrkirche thront.

Häuser auf dem Hügel von Santa Eulària

Blick auf die Església Es Puig de Missa

Sehenswertes

Església Es Puig de Missa

52 Höhenmeter geht es auf dem Spaziergang zur Església Es Puig de Missa über Treppen, schmale, steingepflasterte Gassen und eine Brücke nach oben, wo sich weite Aussichten über Downtown Santa Eulària, das Meer und das hügelige Hinterland eröffnen. Der Gang vorbei an weißgekalkten Häusern mit Orangen- und Zitronenbäumchen, Opuntien und Ginster findet sein Finale mit der in der Sonne in blendendem Weiß erstrahlenden Església Es Puig de Missa. Vom Ende des 16. Jh.s bis zum 18. Jh. war die trutzige Wehrkirche zur Verteidigung gegen allfällige Piratenübergriffe mit Kanonen und anderen Waffen bestückt. Heute präsentiert sie sich im Innern nüchtern, einzig das bis zum Gewölbe hinaufragende Barockretabel sorgt für einen schmuckvollen Kontrapunkt. Ein stimmungsvoller Abschluss der Besichtigung ist der Besuch des angrenzenden Friedhofs.

Església Es Puig de Missa
Tel. +34 971/330 071
www.obispadodeibiza.es
Messe: So. 11 Uhr,
geöffnet Di.–So. 10–14 Uhr,
April–Okt. zusätzlich:
17–19 Uhr

Finca Can Ros

Auf dem Puig de Missa beherbergt gegenüber der Kirche das ehemalige Bauernhaus Can Ros das „Museu Etnològic de les Illes Pitiüses". Das Völkerkundliche Museum zeigt in einem authentischen Ambiente einer historischen Finca Agrar- und Hausgeräte und Werkzeuge, wie sie auf Ibiza und den Pityusen in Gebrauch waren. Ibizenkische Trachten, eine komplett ausgestattete Küche, Ölpresse und Weinkelterei komplettieren die allerdings nur auf Català erläuterte Dokumentation des traditionellen Landlebens.

Finca Can Ros
Tel. +34 971/332 845
April–Sept.: Mo.–Sa. 10–14, 17.30–20, So. 11–13.30 Uhr, Okt.–Mitte Dez. und Feb./März: Di.–Sa. 10–14 Uhr

Strände

Platja de Santa Eulària des Riu

Die weitläufige Platja de Santa Eulària des Riu direkt an der von Palmen gesäumten Promenade ist Santa Eulàrias Stadtstrand, der in Scharen von Urlaubern der gerade mal einen Katzen-

Blick auf die Platja de Santa Eulària des Riu

sprung entfernten Hotels frequentiert wird. Auf 300 Metern aufgeschütteter, heller Sand, ein seichter Uferbereich und mehr oder weniger kristallklares Wasser sind die „natürliche" Basis, zu der sich ein klientengerechter Komplettservice inklusive Holzrampen für Rollstuhlfahrer angesiedelt hat: Duschen, Toiletten, Rettungsschwimmer, Liegestühle und Sonnenschirme, Bananenboote, Kanu- und Tretbootverleihe, dazu die fußläufige Erreichbarkeit von Bars, Restaurants und Geschäften an der Uferpromenade.

Platja des Ríu de Santa Eulària

Vor der Mündung des Ríu de Santa Eulària wird der sandige Untergrund kiesiger, an diversen Stellen gar felsig und durch ein rudimentäres Algenaufkommen geprägt. Eine marginale Hafenatmosphäre macht ihn zum Treffpunkt für Kanufahrer und Segelsportler. Dementsprechend ist ein breites Angebot an Wassersport und touristischer Strandinfrastruktur vorhanden.

Calo de s'Alga

Klein, aber fein und geeignet, wenn man in Santa Eulària residiert und ohne eigenes Gefährt einen nahen, aber nicht unbedingt zu „städtischen" Strand aufsuchen will. Südlich bei der Urbanizachión Siesta gelegen mit kleinem Liegen- und Sonnenschirmverleih.

Übernachten

Buenavista Hotel

Ein familiäres Haus in ruhiger Hanglage mit einfachen, aber preiswerten Einzel-, Doppel- und Familienzimmern. Unterhalb der Kirche von Santa Eulària, mit Blick über Stadt und Meer.

Buenavista Hotel
Avenida Padre Guasch 9
Tel. +34 971/33 00 03
h_buenavista@terra.es
www.ibizabuenavista.com

Bahia Apartamentos

Der perfekte Ort für einen Urlaub mit Freunden oder der Familie: Die Apartments sind großzügig und geräumig und bieten Platz für vier bis sechs Personen. Im Stadtzentrum in unmittelbarer Nähe zum Strand.

Bahia Apartamentos
Molins de Rei 2
Tel. +34 971/319 625
info@bahiaapartamentos.com
www.bahiaapartamentos.com

Catalonia Ses Estaques

Ein nettes Hotel am Hafen von Santa Eulària mit bezahlbaren Zimmern. Es gibt Buffet-Restaurant, Pool, Lounge-Bar sowie ein abendliches Unterhaltungsprogramm mit Live-Musik, Comedy-Shows und Cabaret. Nur für Erwachsene.

Catalonia Ses Estaques
Passeig del Port
Tel. +34 971/330 200
www.hoteles-catalonia.com

Aparthotel Orquidea

Schönes Hotel direkt am Strand von Santa Eulària mit rund 200 Doppelzimmern und Apartments für Freunde, Paare und Familien. Pool im Außenbereich, Restaurant, Bar, Rezeption.

Aparthotel Orquidea
Camino Paseo del Mar 18
Tel. +34 971/331 492
www.hotelorquideaibiza.com

Fiesta Hotel Don Carlos

Ein ruhiges Vier-Sterne-Hotel direkt am Meer, mit einer eigenen kleinen Badebucht. Das Haus verfügt über 168 sehr stilvoll eingerichtete Zimmer mit Bad und Terrasse, ein Buffet-Restaurant und ein À-la-carte-Restaurant, zwei Bars und ein abendliches Unterhaltungsprogramm. Adults only.

Fiesta Hotel Don Carlos
Carrer los Rosales 53
Tel. +34 971/330 128
www.palladiumhotelgroup.com

Aguas de Ibiza Lifestyle & Spa

Die weißen Fassaden sind wenig beeindruckend, dahinter verbirgt sich aber ein topp-designtes Fünf-Sterne-Hotel mit 112 luxuriösen Zimmern. Die

„Wolke-Sieben-Suiten" haben 180-Grad-Blick auf die Bucht von Santa Eulària, das Spa erstreckt sich über 1.500 Quadratmeter. Sowohl auf dem Dach als auch im Hotelgarten laden Pools zum Baden ein. Nach dem Prinzip „Öko-Luxus" achtet das Hotel auf Umweltverträglichkeit und serviert in den Restaurants viele Produkte aus nachhaltigem Anbau.

Aguas de Ibiza Lifestyle & Spa
Salvador Camacho 9
Tel. +34 971/319 991
www.aguasdeibiza.com

Les Terrasses

Ein Juwel der Abgeschiedenheit und Eleganz, fünf Kilometer außerhalb von Santa Eulària. Die Agroturismo-Anlage umfasst mehrere kleine Bungalows mit stilvollen Zimmern und privater Terrasse, draußen gibt es üppige Gartenpracht und zwei Pools. Das Essen ist exquisit, viele Produkte stammen aus dem eigenen Garten und vom Biomarkt. Für ein Luxushotel auf Ibiza noch erstaunlich erschwinglich.

Les Terrasses
Carretera de Santa Eulària km 1
Tel. +34 971/332 643
info@lesterrasses.net
www.lesterrasses.net

Atzaró

Eines der In-Hotels der letzten Jahre, Treffpunkt auch für Modenschauen und Kunstausstellungen, etwas abgeschieden im Landesinneren angesiedelt. Auf der ehemaligen Farm mit Orangenhainen stehen 24 Zimmer und Suiten zur Verfügung. Im Spa-Bereich gibt es Sauna, Dampfbad, Massagen und Wellnessbehandlungen. Im Juli und August hat die Music and Art Lounge geöffnet, die mit Cocktails, Chillout-Musik, Partys und Performances auch Gäste von außerhalb lockt.

Atzaró
Ctra. a Sant Joan km 15
Tel. +34 971 338 838
agroturismo@atzaro.com
www.atzaro.com

Essen und Trinken

Es Terral

An der Restaurantmeile von Santa Eulària hat Küchenchef Mathieu eine tolle Karte mit kreativen Speisen und ausgezeichneten Weinen zusammengestellt. Das, was schließlich serviert wird, erfüllt durchaus die beim Bestellen geweckten hohen Erwartungen.

Es Terral
Carrer de San Vicente 47
Tel. +34 971 334 861

Auf Ibiza kann man fangfrische Meeresfrüchte genießen

Celler Ca'n Pere
Hier gibt es alles fangfrisch aus dem Meer: Fisch, Muscheln, Krebse und andere Leckereien. Vom Interieur her schlicht – im Mittelpunkt der Aufmerksamkeit steht der Geschmack.

Celler Ca'n Pere
Calle San Vincente 63
Tel. +34 971/330 056
www.cellercanpere.com

Sa Carboneria
Für alle, die genug von Fisch und Meeresfrüchten haben und sich nach einem feinen Steak sehnen.

Sa Carboneria
Carrer Isidoro Macabich 3
Tel. +34 971 339 282
www.sacarboneria.com

Es Caliu
Die Windmühle auf dem Dach funktioniert längst nicht mehr, aber was die Küche liefert, ist wirklich gut (Lammschulter, Spanferkel, frischer Fisch etc.). Ein rustikales Landgasthaus, wie man es sich wünscht. Achtung, im Juli und August nur abends geöffnet!

Es Caliu
Carretera a Sant Joan km 10,8
Tel. +34 971/325 075
www.escaliuibiza.com

Sa Finca
Stilvolles und freundliches Restaurant in einer ibizenkischen Finca. Neben mediterraner Küche gibt es auch Zebra, Strauß und Krokodil. Spezialität des Hauses ist der selbstgeräucherte Lachs. Von der Terrasse aus hat man einen wunderbaren Blick auf Santa Eulària und das Meer, perfekt für ein romantisches Abendessen zu zweit oder ein Treffen mit Freunden.

Sa Finca
Carrer ses Gorgonias 11
Tel. +34 971 330 638
www.facebook.com/
restaurante.safinca

CALA LLONGA

Die Cala Llonga, eine Bucht mitsamt Feriensiedlung, liegt sechs Kilometer südlich von Santa Eulària. Der Sandstrand erstreckt sich über 200 Meter und ist für Ibiza ungewöhnlich breit. Hier erholt man sich von den Partys der letzten Nacht (mit dem Bus sind alle großen Clubs schnell erreichbar) oder verbringt einen gemütlichen Familienurlaub. An Wassersportmöglichkeiten gibt es Windsurfing, Jetski, Parasailing und eine Tauchschule.

Übernachten

Fiesta Hotel Cala Llonga
4-Sterne-Hotel direkt am Strand. Vorhanden sind 168 modern eingerichtete Zimmer mit Bad, Terrasse, Kühlschrank, Safe und WLAN inklusive. Für kulinarischen Genuss sorgen ein Buffet-Restaurant und ein À-la-carte-Restaurant; außerdem gibt es einen Pool mit Außenterrasse und Chillout-Lounge.

Fiesta Hotel Cala Llonga
Calle Monte Aconcagua 65
Tel. +34 971/196 501
www.palladiumhotelgroup.com

Essen und Trinken

La Casita
Im La Casita kann man sich zuhause fühlen, Koch und Inhaber ist ein Deutscher. Hervorragende mediterrane und internationale Speisen. Spezialitäten des Hauses sind Entenbrust in Portwein-Pflaumen-Sauce, Fleischfondue, Weinbergschnecken und Steak Tatar. Von Eivissa nach Santa Eulària kommend, sieht man am Kreisverkehr in Richtung Cala Llonga links das Hinweisschild „Restaurante La Casita".

La Casita
Urbanisation Valverde 34
Tel. +34 971/330 293
www.lacasita-ibiza.de

CALA S´ARGAMASSA

Vier Kilometer nordöstlich von Santa Eulària liegt die Bucht von S´Argamassa mitsamt schönem Sandstrand. Für Wassersportfans gibt es ein breites Freizeitangebot, daneben einige angesagte Strandbars, darunter das Nikki Beach Ibiza. Für Familien empfiehlt sich ein Besuch im nahegelegenen Kletterpark Acrobosc.

Übernachten

Hotel ME

Ein Luxushotel, das seinesgleichen sucht, am Strand von S´Argamassa. Geräumige Zimmer und Suiten in klarem, minimalistischem Stil, ein exklusiver Spa- und Wellnessbereich, zwei Restaurants und der berühmte Nikki Beach Club. Geboten werden Mondschein-Dinner, Modeschauen, Live-Konzerte, Kunstperformances und Yacht-Partys, allerdings auch eine ibizatypisch hohe Geräuschkulisse. Wer es sich leisten kann, bucht die Anreise mit Privatjet, lässt vom persönlichen Assistenten die Koffer auspacken und bekommt nicht nur sein eigenes Menü, sondern auch das für den Hund aufs Zimmer geliefert.

Hotel ME
Urbanización S´Argamassa
Tel. +34 971/330 051
meibiza@melia.com
www.melia.com

Strandbar

Nikki Beach Club

Im Nikki Beach Club trifft sich die Szene der Reichen und Schönen von Ibiza. Serviert wird exquisites Essen am wunderschönen Pool. Berühmt ist der Beachclub für seine Motto-Partys, die von Mode-, Tanz- und Akrobatikshows begleitet werden. Themen sind z.B. „Pirate of the Caribbean", „Moulin Rouge" oder „Casino Royal". Hinter dem Club steht die Nikki-Beach-Kette, die weltweit Strandbars unterhält, u.a. in St. Tropez und Marbella.

Nikki Beach Club
Avenida S´Argamassa 153
Tel. +34 971/338 403
www.nikkibeach.com/ibiza

Luxus pur: das Hotel ME am Strand von Cala S´Argamassa

ES CANYAR (Es Caná)

Man kann Es Canyar für den idealen Urlaubsort halten oder auch für den hässlichsten Fleck an der Ostküste Ibizas. Hier stehen jede Menge Hotelklötze und Apartmentblocks und der 300 Meter lange Strand ist für die vielen Badegäste in der Hochsaison viel zu klein. Dennoch kann man sich hier als Urlauber wohl fühlen, denn die touristische Rundumbetreuung ist perfekt.
Touristenmagnet ist der legendäre Hippiemarkt von Es Canyar, der auf dem Gelände des Ferienclubs Punta Arabí stattfindest. Von hier aus zieht sich die Avendia de Punta Arabí an der Küstenlinie entlang bis Es Canyar Downtown, wo erst der kleine Hafen und dann der Stadtstrand rechterhand auftauchen. Dreh- und Angelpunkt von Es Canyar ist die Placa d'es Canyar, ein belebter Platz mit Springbrunnen und Palmen.

Aktivitäten

Hippiemarkt Punta Arabi
Der größte und älteste Hippiemarkt Ibizas wartet im Sommer mit mehr als 400 Ständen auf – und in der Hochsaison laufen Mittwoch für Mittwoch tausende Besucher durch die Reihen, um sich das Spektakel nicht entgehen zu lassen. Längst hat der Kommerz Einzug gehalten: Die

Sonnenaufgang am Pier von Es Canyar

Händler sind keine Hippie-Träumer, sondern Verkaufsprofis, die die Trends der Saison feilbieten. Viele Produkte kommen von der Stange und sind made in Fernost. Dennoch gibt es noch einige Künstler und Handwerker, denen man über die Schulter sehen kann und deren Produkte hochwertige Unikate sind. Unter all den Schuhen, Ohrringen, Taschen, Schals, T-Shirts und Puppen findet sich so manches originelle Teil.

Begonnen hat alles 1973 mit gerade einmal fünf Ständen, an denen Gebäck, handgewobene Kleidung aus Schafswolle von Formentera, selbstgewerkelte Kleinkunst und Schmuck aus Indien verkauft wurden. Dann kamen spontane Jam Sessions dazu ... und der Markt wuchs und wuchs. Dass er noch heute so beliebt ist, liegt – neben der nostalgischen Schaulust und dem vermeintlichen (Irr-)Glauben, die Aura der Blumenkinder hier einfangen zu können – auch daran, dass es nicht nur ums Kaufen und Verkaufen geht, sondern auch das bunte Drumherum Freude macht. Bars und Cafés sorgen für kulinarische Genüsse, nachmittags gibt's Musik im Zelt. Kinder werden in der Children's Area bespaßt, wer möchte, lässt sich ein Henna-Tattoo malen oder von einem Karikaturisten porträtieren. Angenehm ist, dass keine Marktschreier-Atmosphäre herrscht. Die Händler sprechen kaum Kundschaft an und lassen diese in Ruhe schauen und anprobieren. Allerdings sind Räucherstäbchen und Live-Musik nicht genug, um die „goog old times" wieder aufleben zu lassen.

Veranstaltet wird der „HippyMarket" vom Ferienclub Punta Arabí auf dem clubeigenen Gelände. Er findet von April bis Oktober jeden Mittwoch von 10 bis 18 Uhr statt, im Juni und August sogar bis 20 Uhr. Die Anfahrt ist mit langen Staus und überfüllten Parkplätzen verbunden. Entspannter reist man mit dem Ausflugsboot aus Eivissa oder Santa Eulària an.

Hippiemarkt Punta Arabi
Avenida Punta Arabí s/n
Tel. +34 971/330 650
hippymarket@
azulinehotels.com
www.hippymarket.info

SANT CARLES DE PERALTA

Der kleine Ort gehört zum Gemeindebezirk von Santa Eulària und war in den 1960er Jahren Treffpunkt der Hippies. Relikte aus dieser Zeit sind die Bar Anita (Lokal, Poststation und Treffpunkt Einheimischer in einem) und das Gartenrestaurant Las Dalias mit seinem berühmten Hippiemarkt.

Essen und Trinken

Anitas Bar

Anitas Bar, ein uriges ibizenkisches Wirtshaus gleich gegenüber der Kirche, gehört zu den Institutionen auf Ibiza. Früher hingen hier am Tresen all diejenigen, die ihr Rückflugticket nach Hause verkauft hatten oder nie eines hatten. Diejenigen, die ganz genau wussten, wo zu fortgeschrittener Stunde die beste

Die Straßen sind bunt in Sant Carles de Peralta

Vollmondparty stattfindet – aber nicht jeder x-Beliebige, der hereinkam, hätte das erfahren. Bis heute noch gibt es die hölzernen nostalgischen Postfächer für die Einheimischen, die in der näheren Umgebung wohnen. Wer seine Post abholt, bleibt gleich noch auf ein Schwätzchen und einen hausgemachten Hierba. Auch die alte Telefonzelle existiert noch und ja, sein Telefon funktioniert wie eh und je! Obwohl das Lokal in allen Reiseführern zu finden ist, sind die Preise noch moderat und das Personal kümmert sich freundlich um jeden einzelnen Gast.

Anitas Bar
Plaza de la Iglesia s/n
Tel. +34 971/335 090

Aktivitäten

Las Dalias

Im weitläufigen Gebäudekomplex einer spanischen Hacienda befindet sich das Restaurant Las Dalias („Die Dahlien"). Bereits 1954 eröffnete der damalige Besitzer Juan Marí Juan, ein einfacher Landwirt und Tischler, auf seinem Anwesen eine Bar, die zudem als – der damaligen Zeit weit voraus – „soziokulturelles Zentrum" fungierte mit Kino-, Tanz- und Musikveranstaltungen zu äußerst konsumentenfreundlichen Preisen. Heute strömen die Gäste in Scharen in den lauben-gestylten Garten des Anwesens, in dem immer samstags der Hippiemarkt Las Dalias stattfindet. Der Markt ist mit rund 200 Ständen kleiner und familiärer als jener in Es Canyar. Dementsprechend kann man entspannt stöbern, schauen und sich treiben lassen. Las Dalias ist hinsichtlich der Originalität, Authentizität und handwerklichen Qualität der beste Hippiemarkt Ibizas und verbreitet eine geballte Ladung an Esoterik, gepaart mit einer Mixtur an „mediterraner" und fernöstlicher Exotik. Im Sommer finden auf dem Gelände auch Ausstellungen, Konzerte, nächtliche Kunstmärkte und Trancepartys statt. Der Samstagsmarkt findet das ganze Jahr über von 10–20 Uhr statt. Atmosphärisch sehr schön ist der Nachtmarkt, der von Juni bis September immer montags von 19 Uhr abends bis 1 Uhr nachts stattfindet.

Las Dalias
Abzweig von der Ctra. a Eivissa a Sant Carles km 12
Carrer de la Vénda de Morna 20, Tel. +34 971/326 825
mercadillo@lasdalias.es
www.lasdalias.es

Übernachten

Hacienda Encanto del Rio

Auf dem Weg von Sant Carles nach Cala de Sant Vicent liegt diese restaurierte Hacienda, umgeben von einer prächtigen Gartenanlage. Zum Strand Aguas Blancas sind es 800 Meter, der Blick vom Hotel ist traumhaft schön. Es gibt Einzel- und Doppelzimmer sowie Apartments für bis zu sechs Personen. Im Restaurant Geco werden kreative Speisen serviert, überwiegend aus frischen, saisonalen Produkten und Bio-Lebensmitteln. Angeboten werden Yoga- und Detoxtage, zudem Fahrrad- und Wandertouren.

Hacienda Encanto del Rio
Carretera Sant Carles a Cala de Sant Vicent s/n
Tel. +34 971/335 034
info@encantodelrio.com
www.encantodelrio.com

Strände

Cala Boix

Die Cala Boix ist eine in einem Talkessel von hohen Klippen eingerahmte Bucht mit einem Strand von gut 100 Metern Länge ganz im Osten Ibizas, von Sant Carles aus in zehn Autominuten erreichbar. Der Sand ist schwer, dunkel und etwas grobkörnig, aber sehr angenehm. Der Einstieg ins Wasser ist leicht, die Atmosphäre entspannt, auch weil es kein im Sommer vom Publikum überrannter Strand ist. Zum Meer hin ist die Bucht weit geöffnet und es weht oft ein angenehmer, die Sommerhitze mildender Ostwind. Einziges Manko sind die vielen steilen Treppenstufen, die vom Parkplatz hinunter zum Strand führen und diesen für Gehbehinderte von vornherein ausschließen. Es gibt Hinweisschilder, auch auf die zwei Restaurants oberhalb des Strandes.

S´Aigua Blanca (Aguas Blancas)
Ebenfalls zehn Autominuten von Sant Carles entfernt, etwas weiter im Norden. Dieser langgezogene, von hohen Felsklippen geschützte Strand der S´Aigua Blanca mit dunklem, feinem Sand und einer gelegentlich auffrischenden Ostbrise im Nordosten Ibizas ist offiziell als FKK-Strand frei gegeben und ein beliebter Treffpunkt bei Einheimischen. Das Wasser ist ausgesprochen klar und perfekt zum Schnorcheln geeignet. Es gibt einige nette Strandbars.

Der FKK-Strand S´Aigua Blanca

NOTIZEN

NOTIZEN

NOTIZEN

KLEINER SPRACHFÜHRER – AUSSPRACHE

Katalanisch	
c	vor a, o und u: k, vor e und i: s
ç (nur vor a,o,u)	immer wie ss (plaça=plassa)
g	Vor e und i "sch" sonst wie das deutsche "g"
j	weich, wie beim französischen "jean"
ll	"l": Perillós= Perilos
ny	wie das spanische ñ: Catalunya=Katalunja
que/qui	"u" ist immer stumm, wie deutsches "k"
tg, tj	"dsch": platja= pladscha
v	"B" am Wortanfang und nach Konsonanten: Valéncia= Balensia
x	"sch": aixó= aischo

Spanisch	
c	vor a, o, u wie k vor e, i wie englisches "th": cero= thero
ch	"Tsch": mucho= mutscho
g	vor a,o,u wie "g" vor e und i wie "ch" wie in "Ach"
h	stumm: helado= elado
j	"ch" rojo= rocho
ll	"j": Calle= caje, manchmal wie "lj"
ñ	"nj": año= anjo
qu	"k": queso= keso
v	"b": vaso= baso, "w": vino= wino
y	"j": yo= jo
z	englisches "th": zona= thona

KLEINER SPRACHFÜHRER – KATALANISCH

Das Wichtigste auf einen Blick	
Ja	sí
Nein	no
Vielleicht	potser
Bitte	sisplau
Danke	gràcies
Entschuldigung	perdó
groß	gran
klein	petit
gut	bo
schlecht	dolent
billig	barat
teuer	car
mehr	mes
weniger	menys
mit	amb
ohne	sense
Sprechen Sie Deutsch (Englisch)?	Parleu alemany (anglés)?
offen	obert
geschlossen	tancat
Frau	senyora
junge Frau	senyoreta
Herr	senyor
Ich verstehe nicht.	No entenc.
Wie bitte?	Com diu?
verboten	prohibit
Hilfe!	Ajuda!
Achtung!	Compte!

KLEINER SPRACHFÜHRER – KATALANISCH

Begrüßung und Small Talk	
Guten Tag! Guten Morgen!	Bon dia!
Guten Abend!	Bona tarda!
Gute Nacht!	Bona nit!
Hallo!	Hola!
Auf Wiedersehen!	Adéu! Passi-ho bé!
Tschüss!	Adéu!
Ich heiße ...	Em dic ...
Wie heißen Sie?	Com es diu?
Wie heißt Du?	Com et dius?
Woher kommst du?	D´on ve?
Ich komme aus ...	Sóc de ...
Wie geht's?	Com va?
Sehr gut, danke!	Molt bé, gràcies!

Fragen und Antworten	
Gibt es ...?	Hi ha ...?
Wieviel kostet es?	Cuant costa això?
Wissen Sie ...?	Vostès saben ...?
Ich weiß nicht.	Yo no sé.
Haben Sie ...?	Té ...?
Ich möchte ...	Voldria ...
Kann/darf man ...?	Es pot ...?
Wo ist/sind ...?	On està ...? On estan ...?
Wann?	Quan?
Wie viel Uhr ist es?	Quina hora és?
Es ist drei Uhr.	Són les tres.
Darf ich hier fotografieren?	Puc fer-li una foto aquí?

Zeiten	**temps**
Morgen/Mittag	matí
Nachmittag/Abend	tarda
Nacht	nit
heute	avui
morgen	demà
gestern	ahir
übermorgen	demà passat
vorgestern	abans d`ahir
Tag	dia
täglich	cada dia
Woche	setmana
Monat	mes
Jahr	any
Minute	minut
Stunde	hora
stündlich	cada hora

Wochentage	**els dies de setmana**
Montag	dilluns
Dienstag	dimarts
Mittwoch	dimecres
Donnerstag	dijous
Freitag	divendes
Samstag	dissabte
Sonntag	diumenge
Werktage (Mo-Sa)	feiners
Feiertage	festius

KLEINER SPRACHFÜHRER – KATALANISCH

Jahreszeiten	**estacions**
Frühling	primavera
Sommer	estiu
Herbst	tardor
Winter	hivern

Monate	**mesos**
Januar	gener
Februar	febrer
März	març
April	abril
Mai	maig
Juni	juny
Juli	juliol
August	agost
September	setembre
Oktober	octubre
November	novembre
Dezember	desembre

Banken und Geld	**bancs i diners**
Bank	banc
Geldautomat	caixer automàtic
bar	al comptat
mit Kreditkarte	amb targeta de crèdit
Banknote	bitllet
Münze	moneda

Unterwegs	**en el camí**
Eingang	entrada
Ausgang	sortida
Toiletten	lavabos
links	a l´esquerra
rechts	a la dreta
geradeaus	tot recte
Abfahrt	sortida
Ankunft	arribada
Bus	bus
Haltestelle	parada
Fahrschein	bitllet
Taxi	taxi
Taxistand	parada de taxis
Zug	tren
Gleis	via
Bahnhof	estació
Hafen	port
Flughafen	aeroport
Auto	cotxe
Parkplatz	aparcament
Tankstelle	gasolinera
Benzin	gasolina
Diesel	gasoil
Werkstatt	taller
Panne	avaria
Fahrrad	bicicleta
Ich möchte ... mieten.	Voldria llogar ...

KLEINER SPRACHFÜHRER – KATALANISCH

Essen und Trinken	menjar i beure
Flasche	ampolla
Glas	got
Messer	ganivet
Gabel	forquilla
Löffel	cullera
Salz	sal
Pfeffer	pebrot
Zucker	sucre
Essig	vinagre
Öl	oli
Wasser	aigua
mit/ohne Kohlensäure	amb/sense gas
mit/ohne Eis	amb/sense gel
Ich möchte zahlen, bitte.	El compte, sisplau.
Rechnung	compte

Einkaufen	compres
Apotheke	farmacia
Drogerie	drogueria
Bäckerei	forn
Markt	mercat
Einkaufszentrum	centre comercial
Supermarkt	supermercat
Gramm	gram
Kilo	quilo
Preis	preu

Zahlen	nombres
0	zero
1	un/una
2	dos/dues
3	tres
4	quatre
5	cinc
6	sis
7	set
8	vuit
9	nou
10	deu
11	onze
12	dotze
13	tretze
14	catorze
15	quinze
16	setze
17	disset
18	divuit
19	dinou
20	vint
30	trenta
40	quaranta
50	cinquanta
60	seixanta
70	setanta
80	vuitanta
90	noranta
100	cent

Register